유튜브
나도 할 수 있다!
크리에이터

• 이종선 지음 •

좋은땅

최근 디지털노마드, 디지털유목민, 유튜버, 크리에이터, 인플루언서, 미디어콘텐츠창작자 등 많은 신조어들이 생겨났는데, 이들의 공통점은 모두 '1인 기업가'라고 할 수 있다. 지금은 1인 브랜드의 시대, 1인 방송시대라고 해도 과언이 아니다.

'1인'이라는 단어를 사용했지만 어떻게 보면 연예인, 가수, 스포츠인 등이 비슷한 직업이라고 할 수 있다. 운동선수들은 주로 '프로'라는 이름이 앞에 붙어야 유명해진다. 프로축구, 프로야구, 프로농구 등 프로가 붙는다는 것은 개인의 능력이 중요하다는 뜻으로 볼 수 있다.

요즘에는 1인 기업가, 1인 창조기업도 있는데 이러한 창업과 관련된 기업으로 정부에서도 정책적으로 지원을 해 주기도 한다.

크리에이터라는 단어는 '창조자'라는 뜻을 가진 단어이다. 아프리카TV의 BJ나 유튜버들도 크리에이터라고 할 수 있다. 크리에이터는 혼자서 디지털 콘텐츠를 기획, 제작, 유통시키는 사람으로 1인 창작자라고도 할 수 있다.

1인 기업으로 성공하기 위해서 중요한 것은 퍼스널브랜딩이라고 할 수 있다. 인터넷이 태동한 이후 다양한 소프트웨어들이 나왔고, 스마트폰이 출현하면서 앱 또는 어플이라는 소프트웨어들이 개발되어 사용되고 있다. 따라서 이러한 디지털플랫폼하에서 1인 기업의 퍼스널브랜드는 중요성이 더해졌다고 할 수 있다.

 이처럼 시대의 반영과 트랜드에 맞추어서 유튜버 또는 크리에이터라는 유명인들이 많이 생기고 있다. 소프트웨어 기술의 발전은 관련 산업 종사자들에게 도움을 주기도 하지만 이러한 플랫폼을 아주 잘 활용하는 콘텐츠 개발자들의 역량을 보여 줄 수 있는 또다른 좋은 기회들이 만들어지고 있다. 4차 산업혁명의 기술 중 5G 통신기술의 서비스가 상용화되면 동영상 스트리밍 서비스 시장은 현저히 확대될 것으로 예상된다.

 최근에는 20~30대 젊은이들의 취업이 어려워지고 삼팔선과 사오정이라는 조기퇴직으로 일자리 불안정이라는 희망적이지 않은 뉴스를 자주 접하고 있다. 금수저와 은수저, 흙수저라는 말이 이들을 더욱 낙담케 하고 있으며 이는 직업의 세습으로 이루어진다며 우리 사회를 불평등한 사회로 생각하는 젊은이들이 많다.

 또한, 직장인들은 명예퇴직이라는 이름으로 한창 일할 50대에 은퇴를 강요당하는 일도 많아서 창업을 꿈꾸는 분들도 많이 늘어났다. 마땅한 일자리가 없어서 편의점이나 치킨집, 피자집을 운영하게 되지만 자영업으로 성공하기는 쉽지가 않다.

 이러한 현실에서 유튜버는 어찌 보면 상당한 매력으로 보일 수도 있다. 누구에게나 열려 있기 때문에 쉽게 접근할 수 있을 것이라 생각한다. 하지만 콘텐츠 제작과 운영방법을 모르고 도전하게 되면 3개월, 6개월도 되지 않아 포기하는 경우도 나올 수 있다.

 따라서 유튜버나 크리에이터가 되기 위해서는 사전에 미리 준비하고 자신이 잘할 수 있는 것이 무엇인지를 알고 도전해야 한다. 이 책의 목적은 유튜브에서 크리에이터가 되기 위한 하나의 가이드와 마케터가 되기 위한 안내서가 되길 희망하며 기록한 책이다. 기초적인 동영상 촬영법과 영상장비, 유튜브 사용하는 방법과 상위노출 전략 등을 기록했으며 노력은 독자 여러분들의 몫이라고 할 수 있다.

책이 나올 때까지 도움을 주신 분들에게 감사드린다. 항상 옆에서 내조해 주는 아내와 부모님, 책 쓰기에 대하여 말씀해 주신 1인미디어산업협회 최재용 회장님, 미디어와 영상에 대하여 15년 가까이 함께 방송을 해 주시는 청주상당교회 방송팀 관계자 여러분들에게 감사하는 마음으로 이 책을 출판한다.

초등학생의 꿈이 유튜버일 정도로 유튜브 크리에이터가 되려는 분들이 증가했습니다. 이 책은 4차 산업혁명시대의 중요한 포인트인 자신만의 창의력과 콘텐츠를 발굴하여 수익도 얻을 수 있고, SNS 활동도 함으로써 셀프 브랜딩을 할 수 있는 플랫폼인 유튜브를 활용할 수 있도록 구성된 도서입니다.

- 최재용(1인미디어산업협회장)

지난 1년간 유튜브 성장과정을 보면서 청주에서 액터스 인력양성을 하길 잘했구나 하는 생각을 해 봅니다. 배우 양성과 더불어 자신을 브랜딩하고 성공하기 위한 채널로 유튜브는 참 매력적입니다. 더불어 유튜브 크리에이터로 또는 유튜브 마케터로 성공하기 위한 분들에게 이 책이 많은 도움을 주었으면 합니다.

- 청주대학교 영화학과 김경식 교수

평생교육 영역이 점점 다양해지고 확대되고 있습니다. 도시마다 평생학습관 운영은 필수가 되었고, 대학도 이제 성인들을 위한 단과대학까지 운영하고 있고, 복지관, 문화센터, 주민자치센터에서 주로 이루어졌던 평생교육이 이제는 동네에서 누구나 배우고 싶은 강좌를 가르치고 배우는 시대가 되어 가고 있습니다. 뿐만 아니라 제4차 산업혁명시대의 도래로 On-line 강좌가 늘어나고 있고 특히 유튜브를 활용하는 자기주도학습자들이 빠른 속도로 증가하는 현상을 볼 수 있습니다. 심지어는 초등학생의 직업 1순위가 유튜브 크리에이터라고 합니다. 이러한 시점에서 이종선 교수님의 책은 평생학습자들이 어떻게 유튜브 지식을 활용하고 자신의 재능을 유튜브라는 플랫폼에 공유할 것인지를 배울 수 있는 도서라고 봅니다. 이 책에서 자신의 플랫폼을 창의적으로 설계하고 재능을 키워가는 방법을 만나보시기 바랍니다.

- 서원대학교 미래대학 비전학부 김영옥 교수

PART 01

유튜브 현황

유튜브 사용자 현황

유튜브는 전 세계 최대 무료 동영상 공유사이트로, 2005년 5월에 서비스를 시작하였다. 유튜브는 스티브 첸, 채드헐리, 자베드 카림이 공동으로 설립하였으나, 2006년에 구글이 16억 5천만 달러(한화 약 2조 원)에 인수를 한다. 한국은 2008년 1월부터 서비스를 시작하게 되었다.

유튜브는 약 18억 명 이상(조선비즈 2018.05.05)이 사용하는 것으로 조사되어 있다. 88개 국가에서 현지어로 사용되고 있다. 유튜브는 현재 1분에 500시간 분량의 동영상이 업로드 되고 있으며, 국내의 사용자는 10대에서 80대까지 전 연령층이 모두 이용하는 플랫폼이 되었다. 또한 유튜브 사용자는 매일 1억 5,000만 시간 분량의 유튜브를 시청하고 있다고 한다. 네이버의 트래픽보다 유튜브의 트래픽이 높고 사이트에 체류하는 시간도 훨씬 길다고 한다. 국내 1위 포털인 네이버가 긴장하는 이유라고 할 수 있다.

국내 유튜브의 월 방문자수는 2,000만 명이 넘고 있다. 2015년 10월 이전에는 가수 싸이의 '강남스타일'이 조회수 10억을 넘겼으며, 'Despacito'는 2017년 10월에 조회수 40억을 넘겼다. 이 영상은 푸에르토리코의 가수

루이스폰시가 부른 노래로 2019년 1월 초에는 58억 회를 넘기고 있다.

　국내 온라인 동영상 시장은 유튜브 쏠림 현상이 뚜렷해지고 있다. 경쟁사인 네이버가 추격중이지만 아직까지 따라잡지 못하고 있는 실정이다. 2018년 12월에 와이즈앱에서 분석한 결과를 보면 동영상 사이트의 방문자 순위는 유튜브, 네이버TV, 옥수수, 아프리카TV의 순이다. 이용자수는 유튜브 3,176만 명 네이버TV는 343만 명, 옥수수 265만 명, 아프리카TV 214만 명이다. (출처: 와이즈앱, 2018년 12월 자료)

　통계에서 보듯이 유튜브의 성장세가 빠르고 사용자수도 점점 확대되어 가고 있는 것을 알 수 있다. 이런 가운데 유튜브 크리에이터들의 연 수익이 공개되면서 많은 사람들이 유튜브 1인 미디어에 관심을 가지게 되었다. 뷰티크리에이터로 유명한 '씬님'은 162만 명의 구독자와 12억 원의 수입을 기록했고, 먹방으로 인기를 누리는 '밴쯔'는 320만 명에 달하는 구독자와 10억 원의 수입을 기록했다. 게임크리에이터인 '대도서관'은 191만 명이 구독하고 있으며 17억 원의 수입을 기록했다. 이러한 사실이 알려지면서 더욱더 많은 한국인들이 유튜브 크리에이터가 되기 위해 영상장비를 구입하고 강의를 듣고 있다.

유튜브와 국내포털 검색 비교

유튜브 방문자 이외에 검색서비스에 대하여 살펴보기로 하겠다. 나스미디어의 발표에 따르면 국내 1위 검색 사이트인 네이버를 유튜브가 위협할 정도로 검색량이 증가했다는 것이다. 네이버에는 못 미치지만 구글과 다음보다 검색률이 높아졌다.

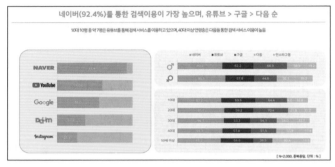

(출처: 나스미디어 사업전략실 트렌드전략팀, 2019년 3월 자료)

동영상 시청기기로는 PC와 모바일을 이용하고 있는데, PC보다 모바일 기기를 이용한 동영상 시청 중 유튜브가 가장 높게 나타났다. 특히 10대와 20대는 유튜브와 인스타그램, 페이스북을 통해 주로 모바일 동영상을 소비하고 있다.

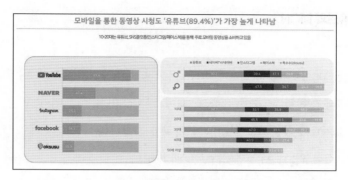

(출처: 나스미디어 사업전략실 트렌드전략팀, 2019년 3월 자료)

유튜브는 PC와 스마트폰, 태블릿, 스마트TV, IPTV, 게임기 등 인터넷 사용기기에서 편리하게 사용을 할 수 있다. 앞으로도 유튜브 사용자수는 계속 늘어날 것으로 보인다. 유튜브에서는 주로 요리, 자동차, 화장법 등 취미생활과 관련된 정보를 많이 검색하는 것으로 보인다.

모바일 시대이고 스마트폰의 시대인 지금은 콘텐츠의 소비가 텍스트에서 사진 이미지로, 그리고 이제는 동영상으로 빠르게 증가하고 있다. 따라서 기업들의 온라인 광고비용도 동영상으로 옮겨 가고 있다. 유통업체들도 유튜버 인플루언서를 활용해 광고를 진행하고 있다. 재미있는 것은 정치인들도 이제는 유튜브 채널을 개설하여 뉴스를 생산한다는 것이다. 국내 유명 유튜버들로는 도티, 허팝, 대도서관, 김이브, 악어, 캐리 등이 있다. 유튜브에서 조회수가 많은 영상은 가수 싸이의 강남스타일, 방탄소년단의 idol, 아기상어 등이 대표적이라고 할 수 있다.

유튜브와 MCN

MCN(Multi Channel Network)은 다중채널 네트워크 또는 멀티채널 네트워크라고도 한다. 주로 유튜브, 페이스북, 트위치, 아프리카TV 등 동영상플랫폼에서 활동하는 사람들의 기획사를 말한다. 국내 MCN은 샌드박스네트워크, CJ E&M, 판도라TV, 트레저 헌터, 비디오빌리지, 쉐어하우스, 레페이뷰티 등이 있다.

유튜브에서는 MCN을 여러 유튜브 채널과 제휴한 제3의 서비스 제공업체로서 잠재고객 확보, 콘텐츠 편성, 크리에이터 공동작업, 디지털 권한관리, 수익 창출 및 판매들의 서비스를 제공한다고 정의한다.

네이버TV는 유튜브와 경쟁하기 위해 샌드박스와 동영상을 공급받기 위한 제휴를 하였다고 한다. 바로 유튜브에 대항하여 경쟁력을 높이겠다는 의미이다.

유튜브를 구성하는 것엔 3가지 요소가 있다. 크리에이터, 사용자, 광고주라고 할 수 있다. 그리고 MCN이 있다. 크리에이터는 유튜브에 동영상을 제작하고 편집하여 올리는 사람을 지칭한다. 사용자는 유튜브에서 동영상을 이용하는 유저를 지칭한다. 광고주는 유튜브에 광고를 하고, 광고비용을 지불하는 사람이나 기업을 말한다.

3가지 요소 이외에 MCN(Multi-Channel Networks)은 여러개의 크리에이터 채널과 따로 계약을 맺은 유튜브의 파트너사들을 말한다.

유튜브의 사용자들이 채널을 구독하게 되는데 좋아하는 채널 구독을 하게 되면 채널 구독자가 된다. 구독자는 내가 좋아하는 동영상을 크리에이터의 채널에서 구독 버튼을 클릭함으로써 채널의 구독자가 된다. 유튜브에서는 아티스트나 크리에이터의 평가 시 구독자수를 평가한다.

유튜브 가입하기

구글 회원 가입하기

유튜브를 이용하기 위해서는 구글에 회원가입을 해야 한다. 구글의 홈
페이지(http://www.google.co.kr)에 접속한다. 구글과 유튜브를 원활하
게 사용하기 위해서는 구글의 크롬브라우저를 이용할 것을 권장한다. 크
롬은 마이크로소프트의 인터넷 익스플로러나 에지, 애플의 사파리와 같
은 웹사이트를 서핑하기 위한 브라우저라고 할 수 있다.

① 구글 홈페이지에 접속하여 우측 상단의 로그인을 클릭한다.

② 계정 만들기를 클릭하여 구글 계정 만들기로 이동한다.

이름과 비밀번호, 생년월일, 핸드폰 번호, 이메일 주소를 입력하여 계정
을 만든다.

③ 회원가입이 완료되면 계정 정보로 로그인을 한다.

크롬브라우저는 구글 메인화면에 있으며, 다운받아 설치하면 된다. 크
롬을 실행하고 브라우저의 주소창에 www.youtube.com을 입력하여 유
튜브 홈페이지로 이동한다.

④ 로그인 후 유튜브의 서비스를 이용할 수 있다. 유튜브의 프리미엄은
월정액을 납부하고 광고를 보지 않고 동영상을 볼 수 있는 서비스이다.

유튜브 화면 구성 둘러보기

___

구글 계정을 만든 후 구글 크롬브라우저를 실행하여 유튜브에 접속한다. https://www.youtube.com 또는 구글이나 네이버의 검색창에서 '유튜브'를 검색한다. 유튜브의 메인화면이 나오면 다양한 동영상의 카테고리와 제목들, 영상들이 보이며 상단과 좌측에 메뉴가 보인다.

유튜브의 홈 화면은 크게 기본메뉴, 상단메뉴, 메인영역으로 나누어 볼 수 있다.

■ 상단메뉴

고정메뉴로서 동영상 검색과 업로드, 계정프로필 메뉴들이 있다.

①은 메뉴아이콘으로서 한번 클릭할 때마다 주요메뉴를 가리고, 전체화면을 풀화면으로 보여 주는 메뉴이다. 메인영역을 전체 화면으로 보여 준다.

②는 유튜브의 로고이다. 어느 영역에 있든지 클릭하면 메인화면 즉, 홈 화면을 보여 준다.

③은 검색창으로서 원하는 영상의 제목이나 이름 등을 넣어 검색할 수 있다. 키보드는 가상의 키보드로 마우스를 이용하여 입력한 후 검색을 할 수 있다.

④는 동영상을 유튜브에 업로드 하거나 실시간으로 스트리밍을 할 경우 사용하는 메뉴이다.

⑤는 유튜브 앱을 모아 놓은 메뉴이다. 유튜브의 TV, 게임, 음악, 어린이, 크리에이터 아카데미, 아티스트를 위한 별도의 유튜브 채널들이라고 할 수 있다.

⑥은 채팅창이다.

⑦은 알림으로서, 내가 구독하고 있는 채널이나 유튜브의 소식을 알려 준다. 알림이 오면 빨간색의 숫자로 알림이 왔음을 알려 준다. 알림을 읽으면 숫자가 없어진다.

⑧은 사용자 계정이다. 맨 우측의 계정프로필을 클릭하면 팝업메뉴가 나오면서 채널명과 크리에이터 스튜디오, 설정 등의 메뉴가 나온다.

좌측에 있는 메뉴로서 상단의 ≡ 메뉴 아이콘을 클릭할 때마다 펼쳐지거나 가려진다.

①은 홈과 인기채널, 구독의 메뉴가 있는데 '홈'은 메인화면이며, '인기'는 최근 인기 있는 동영상들을 모아 놓은 것이다. 구독메뉴는 내가 구독하고 있는 채널들의 영상을 최신순으로 보여준다.

②는 라이브러리, 최근 본 동영상, 나중에 볼 동영상 메뉴와 아래는 내 채널과 채널목록을 보여 준다.

최근 본 동영상은 내가 가장 최근에 본 영상을 순서대로 보여 준다. 만약 다시 보고 싶거나, 중간에 보다가 만 경우 이 메뉴로 가면 영상을 이어볼 수 있다. 또 나중에 볼 동영상은 맨 우측에 동영상 추가라는 메뉴가 나온다.

여기서 동영상을 추가 시 원하는 영상을 나중에 볼 수 있다. 또한 시청한 동영상의 경우 목록에서만 삭제도 가능하며 재생목록을 만들 수도 있다.

③은 구독이라고 되어 있는데 내가 구독하고 있는 채널들을 개별채널

로 보여 준다. 바로가기와 같은 메뉴이다.

④는 유튜브에서 운영하는 개별적인 채널이다. 별도의 카테고리별로
분류되어 유튜브가 추천해 주는 채널들의 목록이다.

설정

유튜브의 좌측 하단에는 설정메뉴가 있다.

설정을 클릭하면 다음과 같은 페이지가 나온다.

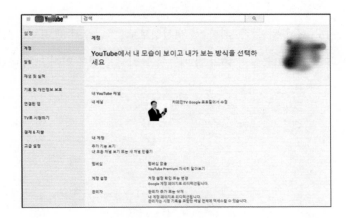

■ 계정

유튜브에서 보여지는 방식을 선택하는 부분이다.

내 채널을 보여 주고 프로필도 보여 주며, 수정도 할 수 있다.

멤버십은 유튜브 프리미엄 회원으로 가입 시 알려 주는 것으로 회원으로 가입 시에는 광고 없이 유튜브의 콘텐츠를 이용할 수 있다. 음악도 다운받아 저장하여 감사할 수 있는 서비스로 1개월 무료체험의 기회도 있다. 이후에는 월정액의 유료이다.

계정설정과 관리자를 추가하거나 삭제할 수 있다.

　유튜브에서 알림 받을 시간과 방법, 채널구독 등에 대하여 알림을 설정한다.

　채널구독 시 알림수신 방법에 의하여 구독정보가 관리된다.

　이외에도 재생 및 실적, 기록 및 개인정보보호, 연결된 앱, TV로 시청하기, 결제와 지불, 고급설정 등의 탭 메뉴를 눌러서 설명을 읽어 보기 바란다.

PART 03

크리에이터 스튜디오

유튜브 메인화면 상단 우측 끝에 있는 계정의 사진을 클릭하면 세로로 메뉴가 나온다.

여기서 크리에이터 스튜디오를 클릭한다. 크리에이터 스튜디오는 동영상을 관리하고 스트리밍 서비스의 설정, 커뮤니티와 채널운영에 대한 설정, 동영상 분석 그리고 오디오와 관련된 내용에 대한 설정을 할 수 있다.

■ 스튜디오베타

상단좌측의 스튜디오베타 메뉴는 크리에이터 스튜디오의 새로운 버전이지만 아직은 베타테스트 중인 메뉴이다. 따라서 구버전에서 세팅을 하는 것이 사용하기가 편리하다.

아직은 테스트 중이므로 언제 정식 서비스할지는 알 수 없다.

■ 대시보드

내 동영상의 상태를 알려 주고 시청시간과 조회수, 구독자의 변화 등에 대해 알려 준다. 대시보드는 나의 모든 자료현황을 한눈에 볼 수 있게 해 준다.

■ 동영상 관리자

동영상 관리자 메뉴는 동영상과 재생목록 두 가지를 관리한다. 동영상의 경우 수정 탭 메뉴를 클릭하면 세부메뉴들이 나온다. 여기서 개별적으로 동영상의 설정을 수정할 수가 있다. 자세한 내용은 동영상 관리자에서 별도로 학습을 한다.

재생목록은 채널에 있는 영상별 재생목록을 수정할 수 있는 메뉴이다.

■ 실시간 스트리밍

실시간 스트리밍은 PC 기반에서 실시간으로 방송을 하기 위해 설정하는 것으로써 기본정보를 입력하고, 인코더를 설정해 주어야 한다. 또한, 스트림 이름 및 킷값은 매우 중요하므로 노출되지 않도록 주의해야 한다. 실시간 스트리밍 시 인코딩 소프트웨어를 설정하고 스트리밍 서비스를 시작할 수 있다.

■ 커뮤니티

커뮤니티에는 네 가지의 메뉴들이 있다.

댓글 메뉴는 제작자가 올린 영상에 대하여 구독자가 올린 글들이다. 여기서 답글을 올릴 수도 있고, 동영상으로 가서 올려도 된다. 구독자는 구독자의 숫자와 구독을 공개로 해 놓은 구독자의 리스트를 볼 수 있다. 커뮤니티 설정은 필터를 이용하여 사용자들에 대한 내용과 단어를 차단할 수 있다.

동영상과 채널, 댓글관리 및 실시간 채팅메시지에 대한 관리가 가능하다.

■ 채널

채널에는 4가지의 메뉴들이 있다.

상태 및 기능메뉴는 채널의 저작권, 커뮤니티 가이드, 동영상 업로드, 수익창출, 실시간 스트리밍, 장편업로드, 미등록 및 비공개 영상, 맞춤 미리보기 이미지, 외부 특수효과, 맞춤 URL, Super Chat 등의 기능을 사용할 수 있는지 없는지에 대한 설정과 사용여부를 설정해 준다.

여기서는 내 채널명과 파트너로 인증이 되었는지를 볼 수 있다. 파트너 인증의 경우 전화번호만으로도 인증이 가능하다. 수익창출과 자신만의 썸네일을 설정할 수 있다는 장점이 있다.

화면에서 저작권 상태와 커뮤니티가이드 상태를 확인할 수 있다. 아래 메뉴별로 사용과 사용하지 않음, 사용불가가 있다. 사용은 관련 메뉴를 사용할 수 있는 권한이 있다는 것이다. 사용하지 않음은 사용할 수 있지만 심사나 일정기준에 못 미쳐서 아직은 사용할 수 없다는 것이다. 사용불가는 유튜브의 사용기준이 충족되지 않아 사용이 불가하다는 의미이다.

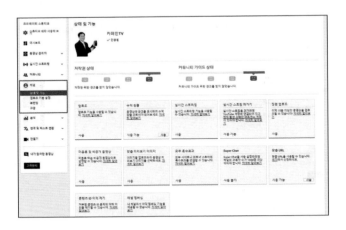

+ 업로드 기본설정 메뉴는 동영상 저작물을 업로드 시 기본적인 내용을 미리 적어 놓아서 매번 설명을 쓰지 않고 동일한 내용이 영상에 함께 업로드 되게 할 수 있는 설정이다. 설명과 태그가 항상 영상과 함께 업로드된다. 만약에 올리는 영상이 주제와 다를 경우에는 업로드 상태에서 내용만 변경해서 저장을 하면 된다.

+ 수익창출의 기본은 구독자 1,000명 이상이어야 하며 시청시간은 4,000시간의 기준이 충족되면 신청할 수 있다.

+ 실시간 스트리밍 기능이 사용으로 되어 있다면 라이브 방송을 할 수 있는 계정이다.

+ 장편 업로드는 15분 이상의 동영상도 업로드 할 수 있다는 의미이다.

+ 미등록 및 비공개 동영상의 사용에 대한 내용이다. 미등록은 유튜브

에 영상을 등록하지 않은 상태로 영상만 업로드 해 놓은 경우에 해당한다. 추후 수정에서 비공개 또는 공개로 변경이 가능하다. 비공개의 경우에는 본인만 영상을 볼 수 있다는 의미이다. 영상을 업로드 하여 작업을 설정하려면 공개 또는 비공개 상태이어야 한다.

+ 맞춤미리보기 이미지는 영상의 썸네일을 별도로 제작해서 올릴 수 있다는 것이다.

+ 외부특수효과는 웹사이트를 운영시 링크 서비스를 제공해 준다는 의미이다.

+ 슈퍼챗은 아프리카TV의 별풍선과 같은 것으로서 구독자가 10,000명 이상인 경우에만 사용이 가능하다.

+ 맞춤 URL은 자신의 채널주소를 단축하여 쉽게 구독자들에게 알리고 싶을 경우에 사용할 수 있다.

+ 콘텐츠 ID 이의제기는 저작권 침해가 있다고 유튜브에서 알려 줄 경우 이의를 제기할 수 있다.

업로드 기본설정에서 카테고리를 동영상의 주제와 맞게 설정한다. 제목은 항상 입력되어 있는데 영상 업로드 시 수정 작업하여 올리면 된다. 설명에는 영상을 설명해 주기도 하고, 해당채널을 홍보하는 내용을 입력해 주어도 된다. 태그 내용은 미리 기록해 놓았다가 영상과 관련 없는 태그는 삭제해서 업로드 하도록 한다. 댓글 평가 및 수익창출 등에 체크표시는 디폴트값을 이용한다. 광고형식은 내 영상에 광고가 들어올 경우 광고형식을 지정해 주는 것이다.

브랜딩 메뉴는 구독요청 등의 워터마크를 만들어 놓을 수 있다. 영상에서 지정된 위치에 작게 보이도록 할 수 있으며, 영상의 전체 또는 앞이나 뒤에서만 나오게 설정할 수도 있다. 유저들로 하여금 구독을 유도하기 위해 만들어 놓는 것으로써 동영상 시간에 맞추어 구독클릭을 유도할 수 있다.

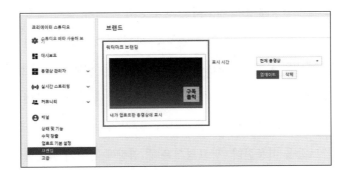

고급메뉴에서는 계정정보를 확인할 수 있고, 애드워즈 계정과 연결할 수 있다.

채널 고급메뉴에서는 계정정보를 변경하거나 채널키워드를 변경할 수 있다. 또한, 광고를 진행할 경우에 애드워즈의 계정을 연결할 수 있다. 애드워즈와 관련된 내용은 광고마케팅에서 다시 설명하도록 하겠다. 채널이 다른 웹사이트와 연결된 경우 웹사이트의 주소를 기록하여 추가해 준다.

■ 분석

내 채널의 시청시간과 조회수, 구독자수, 댓글 등에 대한 데이터 통계자료를 시각화하여 보여 준다. 개요와 실시간, 수익, 시청시간, 트래픽소스, 구독자, 상호작용보고서, 실시간 스트리밍, 카드 및 최종화면까지 유튜브 채널 내에서 일어나는 모든 이벤트를 기록하여 통계치로써 보여 주는 메뉴이다. 분석에 대한 자세한 설명은 추후 설명하기로 한다.

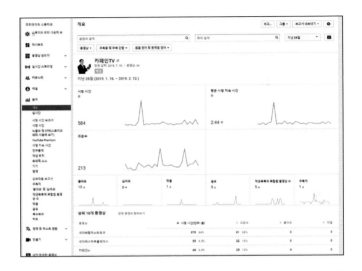

■ 만들기

　만들기는 오디오 라이브러리와 음악 정책의 두 가지 메뉴가 있다.

　오디오 라이브러리는 무료 음악과 음향 효과가 있으며, 유튜브의 저작
권 정책에 따라 무료로 음악을 다운로드 받아 영상제작에 사용할 수 있
다. 음악 정책의 음악들은 저작권 정책을 읽어 보면 사용이 가능한 음악
이 있고, 사용할 수 없는 음악이 있다.

PART 04.
동영상 업로드 하기

채널을 만들기 전에 동영상을 업로드 해 보기로 한다.

채널을 만든 후에 동영상을 업로드 해도 되지만 채널을 꾸미려면 10개 정도의 영상을 올려놓고 채널관리를 해 보도록 하자. 동영상 업로드는 홈 화면 우측 상단의 비디오에 +가 있는 회색 이미지를 클릭한다.

동영상 업로드를 클릭하고 파일을 드롭 앤 드래그하여 가져온다.

동영상을 업로드 하는 데에는 시간이 걸리는데 이때 해야 할 일이 있다.

① 동영상에 대한 설명을 기록해야 하는데 사전에 설명도 미리 생각해 두고 써야 한다.

동영상 관리자에서 설명을 하겠지만 동일한 콘텐츠의 종류라면 미리 만들어 놓고 언제든지 동일한 내용이 영상과 함께 업로드 되도록 할 수 있다.

② 아래쪽에는 태그를 넣는 곳인데 검색이 잘 될 수 있도록 태그를 다양하게 넣어 두자. 네이버의 키워드와 같은 의미로 보거나 해시태그의 의미로 보자.

③ 동영상 미리보기 이미지는 썸네일로 나오는데 두 가지 방식이 있다. 업로드 되는 동영상의 대표 이미지를 사용하는 것으로 세 개 중 하나를 선택한다. 다른 하나는 고정적인 썸네일 이미지를 만들어 놓고 항상 같은 이미지가 나오게 설정하는 방법이다.

썸네일 이미지는 맨우측 맞춤 미리보기 이미지를 클릭하여 사전에 제작해 놓은 이미지를 넣을 수 있는 기능이다. 파일의 크기는 2MB 이내로 JPG, GIF, PNG, BMP 등의 확장자를 사용할 수 있다. 영상 업로드 시 썸네일을 선택할 수 있는데 여기서 썸네일 이미지를 추가한다. 동영상에서 추출하지 않은 썸네일 이미지로 변경되어 있는 것을 볼 수 있다. 모바일로 썸네일을 수정할 경우 YouTube Studio를 플레이스토어에서 다운로드 받아 설치하여 수정할 수 있다.

크리에이터 관리자에서 채널메뉴의 업로드 기본설정으로 가서 동영상의 설명내용과 태그가 고정적으로 나오게 할 수 있다. 업로드 할 때마다 글을 따로 입력하지 않아도 된다. 다른 성격의 영상이 올라가면 그때 일부만 수정할 수 있다.

다음 파트에서 채널관리에 대한 학습을 하기 위해 동영상을 약 10개 정도 업로드 해 놓고 학습을 하면 도움이 될 수 있다.

실시간 스트리밍은 유튜브에서 라이브 방송을 할 때 사용하는 것으로 책의 후반에서 자세히 설명하기로 한다.

PART 05.

채널관리자

채널 만들기

—

채널은 설정 메뉴에서 만들 수가 있으며 계정
의 내 채널에서도 만들 수 있다. 일반적으로 채
널은 설정에서 만들게 되는데 채널은 다채널로
도 운영이 가능하다. 하나의 계정에서 브랜드
계정으로 만들어서 운영할 수 있으므로 여러 개
를 운영할 수 있지만 관리의 어려움이 발생할
수 있으니 제대로 된 채널로 하나라도 잘 운영
할 수 있도록 한다.

먼저 계정을 클릭하면 메뉴가 펼쳐지는데 여기서 아래 설정 메뉴를 클
릭하면 유튜브에서 "내 모습이 보이고 내가 보는 방식을 선택하세요"라는
카피 문구가 보인다.

내 계정 아래 파란색 글자로 [내 모든 채널보기 또는 새 채널 만들기]를
클릭한다.

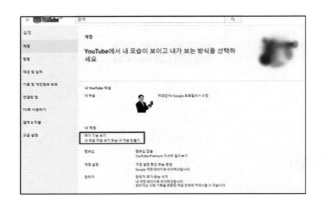

채널이 많으면 모든 채널을 보여 준다. 첫 번째 + 기호로 새 채널 만들기라는 메뉴를 볼 수 있다.

새 채널 만들기를 누르고 브랜드 계정 만들기를 해 본다.

브랜드 계정은 비즈니스 이름 또는 계정과 다른 이름을 사용할 수 있다.

새로 생성된 계정은 브랜드명만 있고 이미지가 없으므로 채널맞춤설정을 통해 채널을 꾸미기로 한다.

채널아트 꾸미기

채널을 꾸미기 위해서는 내 채널의 특성이나 브랜드를 가장 잘 알릴 수 있는 이미지로 작업을 미리 해 놓은 다음에 채널아트를 꾸며 준다.

채널아트는 채널맞춤설정을 클릭하여 작업을 진행한다. 채널아트의 이미지 제작 시 크기는 2560*1440픽셀의 크기이며, 용량은 최대 6MB 이하이다.

채널아트 가이드는 유튜브를 사용하는 사용자의 기기가 일반 PC, 스마트폰, 패드 등 접속하는 기기가 다양하므로 그에 맞게 작업을 해 주어야 한다. PC를 기준으로 배경을 만들고 중요한 로고나 타이틀 등은 모든 기기에서 잘 보이도록 1546*423픽셀 내의 안전 영역에 배치하여 모든 기기에서 볼 수 있도록 사전에 이미지 작업을 한 후 아트를 꾸민다. 아트를 꾸미면서도 유튜브에서 제공하는 미리보기 기능을 이용하여 잘 보이는지 확인하고 필요 시 수정하여 다시 작업을 진행한다.

채널아트 만들기를 클릭하면 아래 이미지처럼 사진을 드래그하라고 나온다.

사진 이미지를 끌어다 놓는다.

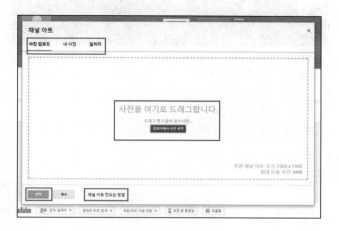

사진을 추가하게 되면 기기별로 보여지는 것을 미리 보여 준다. 사용할
이미지를 선택하여 클릭한다.

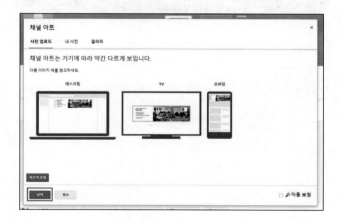

아래 이미지처럼 채널아트가 완성된다.

채널아트가 완성되고 나면 이제부터 채널의 전체 레이아웃을 구성하도
록 한다.

앞서서 10개 정도의 동영상을 업로드 하고 아직 목록화를 하거나 동영
상의 구성방식에 대해 작업을 하지 않았으므로 이제부터 레이아웃을 시
작해 본다.

우측 톱니바퀴 모양의 환경설정을 클릭해서 채널메뉴를 구성해 준다.

'좋아요'와 구독정보 등에 대한 내용 등을 설정하고 탭에 토론 메뉴가 나
오도록 허용 저장한다.

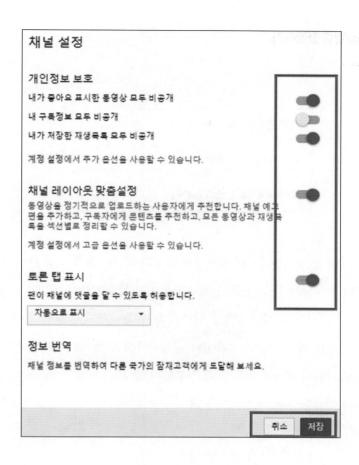

채널 설정

개인정보 보호

내가 좋아요 표시한 동영상 모두 비공개

내 구독정보 모두 비공개

내가 저장한 재생목록 모두 비공개

계정 설정에서 추가 옵션을 사용할 수 있습니다.

채널 레이아웃 맞춤설정

동영상을 정기적으로 업로드하는 사용자에게 추천합니다. 채널 예고
편을 추가하고, 구독자에게 콘텐츠를 추천하고, 모든 동영상과 재생목
록을 섹션별로 정리할 수 있습니다.

계정 설정에서 고급 옵션을 사용할 수 있습니다.

토론 탭 표시

팬이 채널에 댓글을 달 수 있도록 허용합니다.

자동으로 표시 ▾

정보 번역

채널 정보를 번역하여 다른 국가의 잠재고객에게 도달해 보세요.

취소 저장

이제 채널 메뉴를 보면서 하나씩 구성해 나가도록 하자.

채널맞춤 설정하기

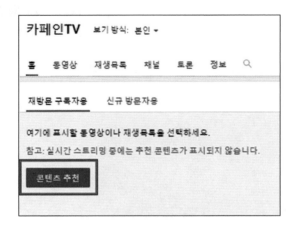

① 채널 홈은 채널아트와 동영상이 생성되어 있는 홈 화면을 보여 준다.

채널 홈 아래에는 재방문 구독자용과 신규 방문자용의 동영상 콘텐츠를 넣을 수 있다. 적절한 영상을 업로드 해 준다.

내 채널을 처음 방문한 사용자와 재방문자에 보여 주는 콘텐츠는 달라야 구독자들이 채널을 방문할 때 지루하지 않다. 콘텐츠 추천을 클릭해서 적절한 영상을 두 곳에 업로드 한다.

② 동영상 메뉴를 클릭하면 업로드 한 모든 동영상을 보여 준다. 비공개한 영상은 자물쇠 아이콘이 보인다. 가로로 6개씩의 영상을 보여 주며, 동영상의 이름과 조회수, 업로드 해 놓은 기간을 볼 수 있다.

③ 재생목록 탭을 클릭하면 동영상의 유형별로 목록을 정리해 놓은 것을 볼 수 있다. 이번에는 재생목록을 세팅하는 방법을 알아보자.

④ 새 재생목록을 클릭한다. 그러면 재생목록의 제목을 입력하라고 나
온다. 아래의 공개와 미등록, 비공개를 선택한 후 만들기를 누르면 하나
의 목록이 생성된다. 이런 방식으로 비슷한 종류의 영상들을 하나의 카테
고리로 묶어서 필요한 만큼의 목록을 생성한다.

⑤ 채널 메뉴는 내가 구독신청하여 구독중인 채널들의 목록을 보여 준다.

⑥ 토론 메뉴는 공개댓글로 토론을 하는 내용을 볼 수 있다.

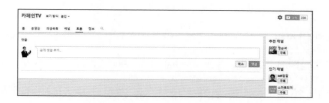

⑦ 정보 메뉴는 동영상 업로드 시 항상 고정적인 글이 올라갈 수 있는 내용을 담아 놓는 곳이다. 또는 링크를 통하여 나의 다른 SNS 계정이나 홈페이지 정보를 올려놓을 수 있다. 글을 수정할 경우 우측의 채널맞춤설정 버튼을 클릭한 후 수정한다. 수정한 후에는 아래 파란색 완료 버튼을 클릭한다. 정보에 입력한 내용은 채널 프로필 영상의 우측에 입력된 내용을 보여 준다.

재생목록 만들기

아래 이미지의 빨간색 네모박스 안은 비어 있지만 마우스온 시에 좌측 방향 꺾기 표시와 연필모양의 아이콘이 두 개가 보인다. ∨표시를 이용하여 내 채널의 영상순서를 위아래 방향으로 조정할 수 있다. 아래 섹션 추가를 눌러서 동영상콘텐츠를 선택하여 레이아웃을 가로 또는 세로 방향으로 나열할 수 있다.

생성된 재생목록에는 인기업로드 영상이나 채널목록의 영상 등을 선택할 수 있으며, 레이아웃은 가로 및 세로목록의 형태로 세팅할 수 있다.

섹션은 총 10개까지 생성이 가능하다.

즉, 재생목록은 동영상을 같은 주제들로 설정할 경우에 유용하다고 할
수 있다. 다음은 김이브의 주제별로 나눈 채널목록이다. 참고해서 자신만
의 맞춤채널을 만들어 보도록 한다.

PART 06

동영상 관리자

동영상 관리를 위해서는 계정 아래에 펼쳐지는 메뉴에서 크리에이터 스튜디오를 클릭하고 좌측 두 번째 메뉴인 동영상 관리자를 클릭한다.

이 메뉴는 동영상과 재생목록으로 나누어진다. 일반적으로는 두 가지 메뉴가 나오지만 간혹 저작권 고지 메뉴가 나온다면 저작권 침해의 소지 가 있는 영상이 있는 경우이므로 유튜브에서 저작권 침해와 관련된 내용을 알려 준다.

저작권 위반이나 정책 위반이 없다면 저작권 고지 메뉴는 보이지 않는다.

동영상 관리

—

지금까지 업로드 한 모든 동영상의 개수를 보여 주며, 우측 역삼각형을 클릭하여 동영상을 빠른 시간순 또는 최다 조회순, 공개, 비공개, 미등록, 초안, 수익창출, 수익미창출, 광고 제한 또는 배제 등으로 정렬시켜서 조회할 수 있다.

우측 상단의 돋보기가 있는 검색창은 내가 업로드 한 영상이 많은 경우
필요한 영상을 검색하여 쉽고 빠르게 검색할 수 있다.

동영상 관리자의 리스트를 보면 동영상 썸네일과 함께 동영상의 시간

을 알려 준다.

동영상의 제목과 미디어의 화질인 해상도를 표시한다. 우측에 있는 지구본 모양의 아이콘은 공개, 자물쇠는 비공개 표시이다. 조회수와 함께 채팅수와 좋아요, 싫어요 아이콘이 있다.

상단의 체크박스를 선택하여 모든 동영상을 선택하거나, 개별 동영상의 체크박스를 선택하여 작업메뉴를 선택할 수 있다. 메뉴로는 공개, 비공개, 미등록, 설명태그, 제목, 커뮤니티 자막제공 등과 삭제작업 등을 할 수 있다.

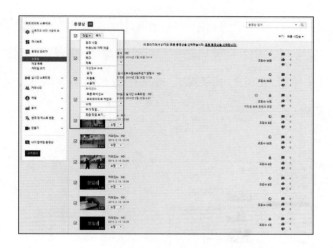

동영상 관리자의 동영상 메뉴에서 동영상을 하나 선택하여 체크버튼을 클릭한 뒤 추가 메뉴를 클릭해 보자. 아래로 재생목록과 새 재생목록 만들기 메뉴가 펼쳐진다. 필요에 따라 재생목록을 변경하거나 추가할 수 있다.

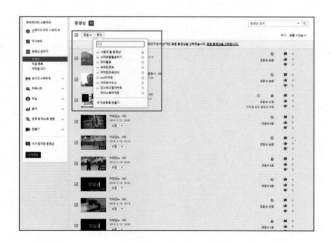

동영상 관리자에서 동영상을 하나 선택하여 체크버튼을 누른 후 우측의 수정 옆에 있는 역삼각형 버튼을 클릭해 보자. 추가 메뉴로 정보 및 설정, 동영상 수정, 오디오, 최종화면, 카드자막, MP4 다운로드, 홍보하기, 삭제가 있다.

정보 및 설정

정보 및 설정을 클릭하면 기본정보/번역/고급설정의 하위메뉴가 나온다. 기본정보의 내용에 카페인TV처럼 첫줄에 채널명이 나온다.

두 번째 박스에 구독요청과 관련된 내용이나 동영상에 홍보내용을 넣어 놓을 경우 모든 영상을 업로드 할 때마다 동일한 내용이 고정적으로 올라간다. 즉, 상단 우측의 카메라 버튼을 누르고 업로드 시 내용을 추가로 입력하지 않아도 된다. 수정사항이 있을 경우 영상 업로드 시 수정을 할 수 있다. 아래 세 번째 칸은 태그를 넣어주는 곳으로 태그도 미리 만들어 넣어 놓으면 시간을 단축할 수 있다.

동영상의 우측에는 영상정보인 채널명과 업로드 한 시간, 재생시간, 원본 파일명과 조회수, 동영상의 URL 등을 보여 준다. 맞춤 미리보기 이미지가 세로로 세 개의 썸네일이 나오는데 여기서 이미지를 변경할 수 있다.

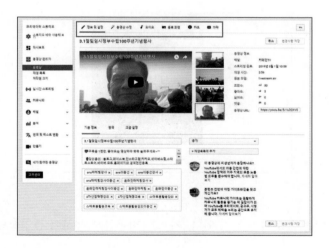

동영상 수정

동영상 수정 메뉴를 클릭해 본다. 여기서 사람의 얼굴 이미지가 있는 경우 얼굴을 시스템에서 자동으로 흐리게 처리하거나 직접 흐리게 처리할 수 있다. 수정버튼을 누르면 다음에 작업할 메뉴를 보여 준다. 처리하고자 하는 작업을 수행한다.

아래에는 자르기 버튼이 있다. 자르기 버튼을 이용하여 동영상의 일부

를 분할하여 자를 수 있다. 클립 위치에서 분할을 클릭하고 위쪽의 X 버튼을 클릭하여 선택한 부분의 영상을 잘라 낼 수 있다. 완료를 누르면 해당 작업이 저장된다. 분할 옆의 지우기 버튼은 선택했던 사항을 해제함으로써 모든 변경작업을 취소한다는 의미이다.

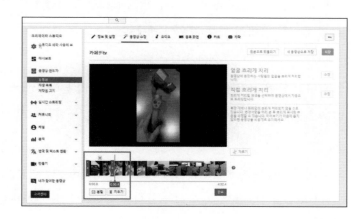

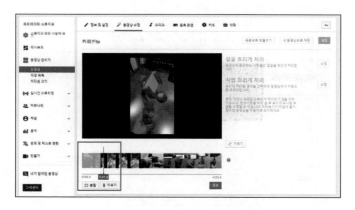

오디오

오디오 메뉴는 동영상에 있는 오디오를 추가하거나 교체할 수 있는 기능이다.

편집 프로그램을 이용하지 않고 작업을 한 경우 또는 편집을 했어도 영상에 어울리지 않는 음악이 있을 경우에 해당 오디오를 추가하거나 교체할 수 있다.

오디오를 미리 들어 보려면 좌측의 플레이버튼을 눌러 본다. 적합한 음악이라면 우측의 동영상에 추가를 누르고 변경사항을 저장하면 반영이 된다.

오디오 아래에 제공되는 사운드들은 무료로 유튜브에서 제공하는 음원들이다. 만약 저작권 침해의 소지가 있는 음원을 사용했다면 오디오 메뉴에서 바로 변경하여 저장할 수 있다.

종료화면

종료화면은 영상의 끝부분을 마무리하면서 새로운 영상에 대한 소개나 구독에 대한 내용을 추가할 수 있는 기능이다. 이전에는 특수효과와 함께 사용했지만 지금은 종료화면만 이용이 가능하다. 종료화면의 메뉴를 보면서 하나씩 설정해 보기로 한다.

종료화면을 넣으려면 영상의 길이가 최소 25초 이상이어야 한다. 종료화면의 상단좌측메뉴는 채널명이 먼저 보인다(예: 카페인TV).

미리보기 버튼을 클릭해서 활성화하면 동영상이 플레이된다. 동영상의 종료화면을 볼 수 있다. 보기 버튼은 눈 표시, 요소에 맞추기, 눈금에 맞추기 메뉴가 있어서 체크하여 선택할 수 있는데 디폴트값으로 놓는다. 템플릿 사용 메뉴는 종료화면의 모양을 미리 세팅한 것으로 처음 하는 경우에 도움을 주기 위함이다. 사용해도 되고, 종료화면에서 직접 작업해도 된다.

하나를 선택하면 동영상 종료화면의 모양을 보여 준다. 또한, 자동으로 우측에 요소가 추가되어 나타나므로 요소별로 우측에 있는 연필 버튼을 클릭해서 영상이나 재생목록을 선택하여 적용한 후 상단의 저장 버튼을 클릭한다.

이번에는 직접 요소별로 추가해 보기로 한다.

화면에 해당되는 요소들에 마우스를 대면 십자화살표가 생성되는데 클릭하면 사각모서리가 둥글게 된다. 크기를 조정할 수도 있으며, DEL키를 눌러 전부 삭제할 수도 있다. 삭제 시 우측에 추가된 요소들도 함께 삭제된다.

화면 우측의 요소추가 버튼의 역삼각형을 클릭해 보자.

네 가지의 요소를 추가할 수 있는데 동영상 또는 재생목록, 구독, 채널, 링크이다.

여기서 동영상 또는 재생목록의 우측 만들기를 클릭하여 최근 업로드된 영상, 시청자에게 맞는 동영상 또는 재생목록을 선택하여 아래 요소 만들기 버튼을 클릭한다.

영상 좌측에 네모난 박스가 생성되고 표시될 영상을 미리보기로 알려 준다.

이렇게 하나씩 4개까지 추가가 가능하다. 여기서 구독 버튼을 클릭하여 채널 구독을 유도할 수 있다.

새로 요소를 추가하면 기존에 추가된 요소 위에 덮어 씌워지므로 클릭해서 영상의 빈 공간에 적절히 위치시킨다. 구독 시 채널 아이콘의 이미지를 가져오므로 아이콘 이미지를 수정해 놓으면 이미지를 변경할 수 있다. 최대 4개까지 가능하며 하단의 타임라인을 조정해서 종료화면에 나오는 시간을 타임바로 조정할 수 있다.

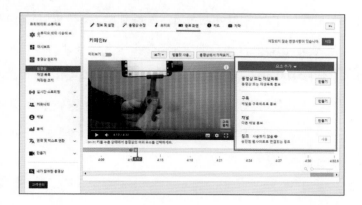

다음 이미지는 종료화면에 요소를 추가하여 작업을 완료한 화면의 형태이다.

카드 추가하기

이 메뉴는 영상이 보여지는 동안 상단 우측에 둥근원느낌표가 티저로 나타나게 된다. 카드는 영상이 진행되는 중간에 약 5초간 팝업처럼 나오는 일종의 광고 형태이다. 여기에 설문조사나 다른 동영상, 채널 등을 홍보할 수 있다. 웹사이트 링크도 할 수 있는데 유튜브파트너에 가입되어 있는 경우만 사용할 수 있다. 인터넷 쇼핑몰을 운영할 경우 상품 홍보에 카드를 추가하여 웹사이트로 방문자를 유도할 수 있다. 카드 추가 메뉴를 클릭하여 설문조사를 만들어 보자.

+ 만들기를 클릭한 후 설문내용을 입력한다.
+ 입력 후 카드 만들기를 클릭한다.
+ 미리보기 화면 우측에 둥근원느낌표가 생성된다.
+ 느낌표가 표시되는 위치를 아래 타임라인을 클릭하여 원하는 시간대에 위치시킨다.

+ 완료된 카드를 저장해 보고 플레이 버튼을 클릭하자. 카드는 세팅된 시간대에 약 5초간 팝업처럼 나타났다가 사라진다.

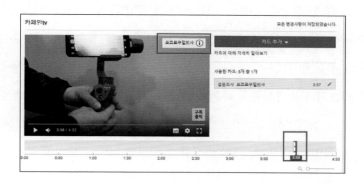

자막

자막메뉴는 음성을 들을 수 없는 경우에 해당 국가의 언어가 글자로 변환되어 제공되는 서비스이다. 한국어(자동)이 아닌 경우에는 자막추가를 클릭하여 한국어로 설정한다. 영상을 플레이시키면 영상화면의 우측에 작은 카드와 설정아이콘이 나온다. 작은 카드를 클릭하면 카드 아래에 빨간색 줄이 생기면서 실시간으로 음성을 번역하여 한글자막으로 보여 주는 것을 확인할 수 있다. 다시 카드를 클릭하면 자막이 보이지 않게 설정이 변경된다.

재생목록

———

① 지금까지 만든 재생목록의 개수를 보여 준다.

② 재생목록을 검색하거나 새로운 재생목록을 만들 수 있다.

③ 수정을 클릭해서 동영상이 많을 경우 마우스를 드래그 해서 재생목록에 재생되는 동영상의 순서를 변경할 수 있다.

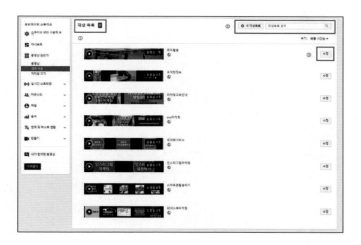

■ 저작권 고지 메뉴

　제작한 영상이 일부 타인의 영상에 있는 내용이나 오디오가 있을 경우 저작권 고지 메뉴가 생성된다. 저작권 있는 영상이나 오디오를 삽입한 것이라고 유튜브에서 알려 준다. 영상을 비공개하거나 미등록으로 변경해 놓거나 삭제하여 해결할 수 있다.

　저작권 내용을 처리하고 나면 저작권 고지라는 메뉴도 사라진다.

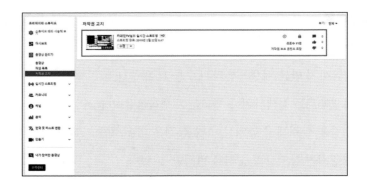

인트로 영상 만들기

오프닝 시 인트로 영상은 3~5초 이내의 짧은 영상으로써 자신의 채널의 특징을 보여 주는 것이다. 간단하게 제작하여 영상 시작 시에 항상 보여 주도록 할 필요가 있다.

예를 들면, 일반인과 당구내기를 하는 도아TV도 짧고 강하게 제작한 인트로를 이용한다. 핑크퐁의 인트로 영상은 애니메이션으로 제작하였다. 플레이스토어에서 글그램, canva, melchi, intro maker 앱을 다운받아 스마트폰으로 빠르고 쉽게 제작할 수 있다.

PC에서 유튜브 동영상 다운로드 받기

---

① 유튜브 프리미엄 회원은 동영상을 직접 다운로드 받을 수 있다.

② 일반적으로 많이 사용하는 방법은 다음과 같다.

예를 들어, https://www.youtube.com/watch?v=zzicrP0dITc&list=PLZ iSlVr-SMx9KMiNSlD4jg-ADw40Dzceo라는 주소가 있을 때 youtube 앞에 'ss'를 붙인다.

Enter ↵ 를 하면 https://en.savefrom.net으로 시작하는 주소의 화면이 나오면서 다운로드하라고 나온다. 녹색버튼을 누르면 유료결제이고 아래 글로 된 download video in browser를 클릭한 후 아래에 나오는 영상 크기의 포맷을 선택하면 다운로드가 된다.

③ 프로그램을 이용하는 방법이다.

웹사이트에서 프로그램을 다운받아 설치하여 다운로드 받는 방법이다. 설치 후 유튜브의 주소만 복사하여 넣어 주면 다운로드 받아 주는 프로그램이다. 컴퓨터에 프로그램을 설치한 후 사용하면 된다.

다운로드 받을 수 있는 웹사이트 주소는 다음과 같다.

→ https://videodownloader.ummy.net/

PART 07

유튜브 광고 및 수익전략

애드센스(수익창출)

① 최근 12개월간 채널의 시청 시간이 4,000시간 이상을 기준으로 한다.

② 구독자 수가 1,000명 이상이어야 한다.

③ 애드센스 계정은 1개여야 한다.

④ YPP(Youtube Partner Program)에 신청한다.

　　a. 유튜브에 로그인한다.

　　b. 계정아이콘 → 크리에이터 스튜디오

　　c. 채널 → 상태 및 기능

　　d. 수익창출 → 사용 클릭 후 화면에 표시되는 단계로 진행한다.

　다음 이미지에서 채널 → 상태 및 기능 페이지로 가면 수익창출 메뉴가 있고 사용가능이라고 나오면 수익창출 기능을 사용할 수 있다.

　수익창출 기능은 기본적으로 요구되는 구글 정책을 충족시키지 못해도 사용이 가능하다. 유튜브 크리에이터는 자신이 업로드 한 동영상에 광고가 붙게 되면 수익을 얻고 정산을 받을 수 있다. 따라서 애드센스를 사용하기 위한 신청과 승인과정이 있어야 한다.

수익창출의 사용을 클릭한다. 시작하기 버튼을 누른다.

유튜브 파트너 프로그램 약관과 동의를 한 후 애드센스에 가입을 한다.

이전에 가입이 되어 있는 경우에는 자동으로 연결된다.

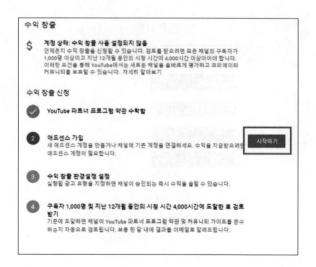

약관의 내용을 읽어 본 후 동의를 하면 시작하기가 나온다.

다음을 클릭한다.

계정이 여러 개인 경우에는 여러 개 중 하나를 선택하라고 나온다.

애드센스에서 사용할 계정을 선택하여 클릭한다.

빈 사각박스에 체크를 하고 업데이트된 이용약관에 동의한다.

애드센스와 사이트를 연결하는 것으로써 개인 크리에이터와는 무관하다. 기업체의 경우 예전에 애드센스의 사용요청을 했을 경우 나오게 되는 화면이다. 예전에 신청한 사이트와 다를 경우 확인을 요청하거나 사이트 변경을 요청한다.

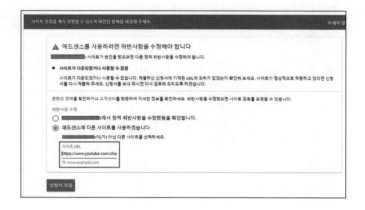

+ 수익창출에 필요한 유튜브 채널과 로그인한 구글의 계정이 동일할 경

우 내 웹사이트로 자동연결이 된다.

+ 개인정보 입력화면이 나오면 화면에 나오는 순서에 따라서 입력을 하면 된다.

+ 한글로 입력해도 되며, 정보는 정확하게 입력해서 불이익이 없도록 한다.

+ 콘텐츠 언어는 한글로 선택하고 저장 후 계속하기를 한다.

+ 광고수익 수령을 위한 핀번호를 받아야 하므로 주소도 정확하게 입력해야 한다.

+ 본인확인을 위해 전화번호 인증 단계를 거치게 되는데 번호 입력 후 인증코드 전송을 하여 인증을 마치도록 한다.

+ 인증 후 약관동의를 하고 나면 연결승인이 이루어진다.

+ 혹시나 정책에 맞지 않으면 수정을 하고 신청서를 다시 제출한다.

이어서 수익창출 환경을 설정해 보자.

채널메뉴의 수익창출을 클릭한다.

수익창출 환경설정의 시작하기를 클릭한다.

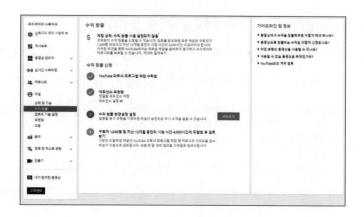

시작하기를 누르면 환경설정에 대한 내용과 함께 절차가 자동으로 진행된다.

아래 이미지들은 인스트림 및 아웃스트림 광고에 대한 내용들을 설명하고 있는데, 수익창출이 이루어지는 예시화면이다.

내가 올린 영상의 어느 부분에 광고가 나올 것인지에 대하여 쉽게 알 수 있도록 표시를 해 놓은 것이다.

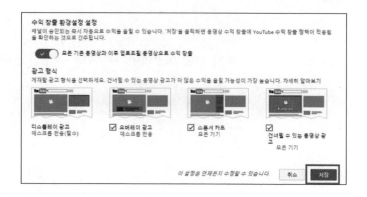

여기까지 진행되면 모든 과정은 마무리된 것이다.

남은 것은 시청시간과 구독자수이며, 기준에 부합되면 자동으로 내 영상에 광고가 진행된다. 필자는 아직 기준에 맞지 않아 대기 중인 상태이다.

만약 애드센스 신청 후 기준에 부합하지 않아 재신청을 할 경우는 재검토까지 한 달 정도가 소요된다.

설정이 끝나면 다음과 같은 화면이 나온다. 검토를 받으려면 지난 12개월 동안의 시청시간이 4,000시간에 도달해야 하며, 구독자수가 1,000명에 도달되어야 한다.

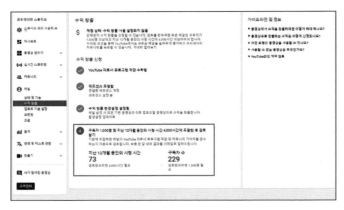

애드센스는 수익창출을 하기 위한 도구이며, 애드워즈는 광고를 하기 위한 구글의 마케팅 플랫폼이다.

애드워즈 광고

구글 애드워즈 광고는 수익창출이 아닌 비용의 지출이다. 애드워즈 광고를 이용하여 광고주가 되어 직접 동영상 앞에 광고를 붙이는 것을 말한다. 유튜브 초기에 영상을 만들어 올릴 때 내 채널을 구독하고 시청해 주는 시청자가 많아야 하는데 대부분 구독자를 모으기가 어렵다. 그래서 직접 광고를 진행하는 경우도 있다고 생각하면 된다. 애드워즈는 구글의 모든 광고를 집행할 수 있는 도구이다. 텍스트 광고, 디스플레이 광고, 동영상 광고를 노출할 수 있다.

구글 애드워즈에 가입하고 광고를 진행해 보도록 하자.

+ 우측의 로그인 버튼을 클릭한다.

+ 구글 애드워즈는 구글의 계정을 그대로 사용하여 광고주로 사용할 수 있다.

+ 별도의 가입절차는 생략하도록 하고, 광고의 기법인 캠페인의 생성과 광고그룹, 광고 소재의 절차와 광고의 종류 등에 대하여 설명하도록 한다.

+ 구글 애드워즈는 https://ads.google.com으로 접속한다.

+ 우측 상단의 로그인을 클릭하여 구글 아이디와 패스워드를 입력하여 로그인한다.

유튜브 광고를 하기 위해서는 광고의 유형과 예산들을 관리하는 캠페인에 대하여 잘 숙지해야 한다. 캠페인은 광고성과를 좌우하는 매우 중요한 역할을 한다.

캠페인에는 두 가지의 유형이 있다. 하나는 검색 캠페인이고, 다른 하나는 동영상 캠페인이다. 검색 캠페인은 구글에서 텍스트로 검색할 경우에 화면에 노출되는 광고를 말한다. 예를 들어, '강아지옷'을 검색해 보자. 광고주들이 누구인지 알 수가 있다.

다음 이미지처럼 광고 또는 스폰서라고 붙는 형태가 검색 캠페인이다. 네이버에서 검색하는 것과 많이 다른 형태를 띠는 것을 볼 수 있다.

구글은 광고라고 하는 글자가 붙는 것이 네이버 광고와 다르다는 것을 알 수 있다. 동영상이 아닌 일반 광고는 검색 캠페인을 통해 진행할 수 있다.

캠페인 하위에는 그룹을 만들 수 있다. 하나의 그룹에서 다른 유형의 광고는 할 수 없다. 즉, 인스트림광고 그룹에서는 디스플레이 광고를 하면 안 된다는 의미이다.

동일한 유형의 광고만 그룹 내에서 진행해야 한다.

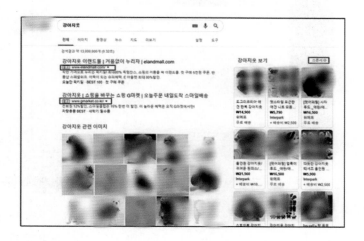

동영상 캠페인은 유튜브에서 동영상이 플레이 되는 동안 영상의 앞에 먼저 건너뛰기가 가능한 광고라든가 영상의 중간에 나오는 광고, 화면우측이나 중앙에 위치한 광고를 진행할 경우에 볼 수 있는 유형이다.

유튜브의 동영상 광고는 바로 동영상 캠페인을 통해 진행하는 것이다.

캠페인을 설정한 후에는 캠페인에 맞는 광고그룹과 소재를 등록해야 광고를 진행할 수 있다. 트루뷰 광고를 진행하기 위해서는 동영상을 내 채널에 공개나 미등록으로 등록해 놓아야 한다.

로그인을 하게 되면 다음 이미지와 같은 화면이 나온다.

관련 캠페인과 그룹을 설정하다가 처음화면으로 오려면 좌측 상단의 '≡'를 클릭한다.

동영상 캠페인을 설정해 보도록 한다. 좌측 메뉴의 동영상 캠페인을 클릭한다.

캠페인은 하나만 있어도 되지만 광고를 하다 보면 여러 개의 캠페인을 생성할 경우도 발생한다. 새로운 캠페인을 만들려면 좌측 캠페인 메뉴를 클릭하여 파란색으로 활성화한 후에 + 버튼을 누르면 된다.

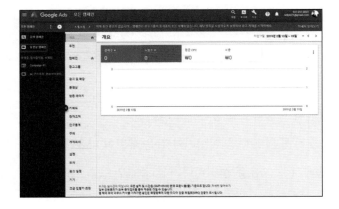

기집행한 경우에는 기존의 광고가 나타난다. 새로 캠페인을 하나 추가

한다. 캠페인명은 트루뷰 인스트림 광고를 진행할 예정이므로, '카페인 TV_인스트림'이라고 명명해 보자.

캠페인 유형으로는 동영상 캠페인을 클릭, 브랜드 인지도 및 도달 범위를 선택한다. 캠페인의 유형은 동영상을 선택한 후 좌측 아래의 계속 버튼을 클릭한다.

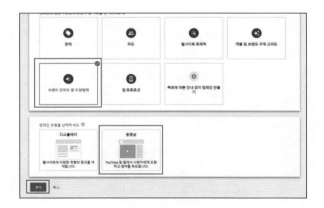

하위 유형을 선택하라고 나오면 건너뛸 수 있는 인스트림을 선택한다.

범퍼와 건너뛸 수 없는 인스트림 등을 할 경우에는 별도의 캠페인을 만들어 진행하면 된다.

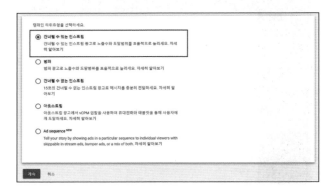

캠페인 이름을 입력한다. 예산은 총예산과 일일예산이 있는데 일일예산으로 입력해 본다. 테스트로 해 볼 때는 10,000원 정도로 시작해 본다. 광고 시작일과 종료일을 입력한다.

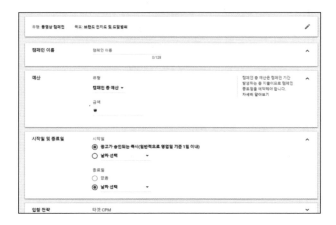

입찰전략은 CPM을 선택하고, 언어는 한국어를 선택하고 위치는 대한
민국을 선택한다.

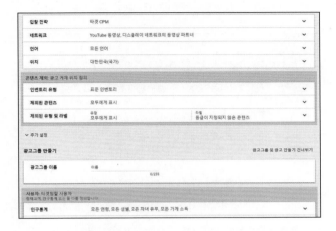

추가버튼을 클릭하여 기기와 게재빈도, 광고 일정을 입력한다. 광고 일
정은 게재 종료일정이 아닌 광고를 언제 집행할지 요일과 시간을 선택하
는 것이다.

이어서 광고그룹을 만든다. 광고그룹은 캠페인의 하위 단위이다.

그룹 이름에는 캠페인 이름 뒤에 1을 붙여 보았다.

인구통계에서 성별과 연령을 선택할 수 있다. 타깃을 정하여 진행한다.

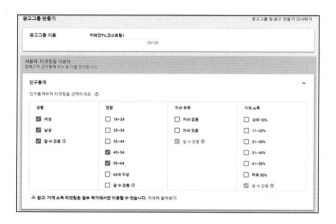

잠재고객에 대한 타기팅을 하여 타깃의 크기를 좁혀 볼 수 있다.

좀 더 명확하게 타깃을 선정하는 과정으로 관심 분야와 습관으로 타깃을 지정한다.

키워드를 선택하여 타기팅을 할 수도 있다.

타깃을 지정하면 우측에 노출 가능한 수가 별도로 표기된다.

광고 타깃에 대한 위치를 별도로 지정할 수 있다.

위치는 특정 도시로 지정하면 타깃을 더 좁힐 수 있다.

특정 지역에만 광고를 할 수 있다.

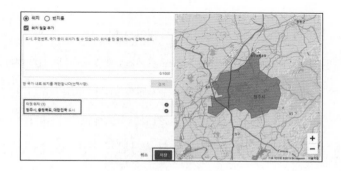

게재 위치에서 유튜브 영상을 검색하여 광고를 진행할 수 있다.

예를 들어 '유튜브 동영상'이라고 검색한 후 지역명을 '청주'라고 넣으면 청주와 관련된 유튜브 영상이 나오며 선택하면 우측에 선택한 영상이 생성된다.

동영상 광고 만들기에 유튜브 광고 영상을 올린다. 광고 영상은 사전에 미리 제작하여 내 채널에 등록해 놓는다. 광고 이름을 입력하고 하단의 저장하고 계속하기를 클릭하여 저장한다.

그룹까지 진행한 후에는 소재를 등록해야 한다.

소재의 경우 동영상을 등록해야 하므로 사전에 30초에서 1분 이내의 광고 영상을 제작해 놓아야 한다. 랜딩페이지의 표시 URL은 동일한 주소를 기입해 주고 클릭유도문안을 만들어 기입한다. 채널은 유튜브의 개인이 운영하는 채널에 홍보영상을 올려 주고 영상의 주소를 기입한다.

동영상 주소가 잘못 입력되는 경우 변경하라고 나온다. 변경이 정상적으로 되고 나면 캠페인이 완료되었다고 나온다. 캠페인 계속하기를 클릭한다.

■ 상단 우측 메뉴

이동, 보고서, 도구와 같은 메뉴는 우측 상단에 있다. 계획, 공유 라이브러리, 일괄작업, 측정, 설정과 관련된 메뉴가 있다.

광고를 진행하려면 결제를 해야 하므로 설정의 청구 및 결제 메뉴로 이동한다.

결제수단과 금액을 추가한다.

91

■ 연결된 계정

도구의 연결된 계정을 선택하여 유튜브 자신의 채널을 추가하여 애드
워즈 계정을 연결하면 연결된 채널의 크리에이터 스튜디오 → 채널 → 고
급 → 애드워즈 계정연결에 ID가 연결된 것을 확인할 수 있다.

■ 실적 확인하기

대부분의 광고주는 노출수와 조회수로 캠페인의 성공 여부를 판단한

92

다. 노출수 항목은 광고가 게재된 횟수를 보여 준다. 조회수 항목은 사용자가 광고를 30초 이상(더 짧은 경우 광고 게재 시간 동안) 시청한 횟수를 보여 준다.

■ 타기팅하기

① 위치 타기팅

유저의 지리적 위치를 기반으로 하는 광고노출과 관심사를 기반으로 하는 노출의 두 가지가 있다. 지리적 위치 타기팅은 사용자 컴퓨터의 IP주소를 기반으로 하며, 휴대기기의 이동통신사 정보를 이용한다.

광고주의 입장에서는 이러한 위치기반을 활용하여 지역별로 광고를 할 수 있다. 전체 국가, 도시 또는 지역 등, 국가의 일부 또는 한 지역의 특정 반경까지도 위치를 선택할 수 있다.

② 키워드

사용자가 검색에 사용하는 검색어로 광고를 실행하기 위해 사용하는 단어나 구문이며, 키워드 타기팅은 광고노출을 극대화하고, 성과를 높이기 위한 것이다.

③ 잠재고객

광고그룹에 잠재고객 타기팅을 추가하면 잠재고객이 누구인지, 관심분야 및 습관은 무엇인지, 적극적으로 검색하고 있는 것은 무엇인지, 광고주와 어떻게 상호작용하는지에 따라 특정 사용자에게 광고를 게재할 수 있다. 잠재고객 타기팅은 웹사이트를 탐색하거나, 앱을 사용하거나, 동영상을 보는 사용자에게 광고를 게재하여 캠페인 실적을 향상시킬 수 있다.

④ 인구통계

특정 연령대, 성별, 자녀 유무 또는 가구 소득 범위에 속할 가능성이 큰 잠재고객에게 도달할 수 있다.

⑤ 주제

특정 주제에 관한 웹사이트 페이지에 광고가 게재된다.

⑥ 기기

PC, 모바일, 태블릿 등의 기기를 타깃으로 광고를 보낼 수 있다.

컴퓨터, 휴대전화, 태블릿, TV화면 등을 선택하여 광고를 보낼 수 있으며, 기기별로 입찰가를 조정하여 광고를 할 수 있다.

⑦ 언어

광고를 게재할 타깃 유저들이 사용하는 언어의 인터넷 콘텐츠를 기반으로 하는 타기팅 방법이다.

■ 광고가 진행되지 않을 때의 조치방법

① '080-822-1484'로 문의하면 도구메뉴에서 설정사항을 변경하라고 한다.

담당자와 통화하여 변경을 한다. 본인의 광고 ID 숫자 10자리를 불러준다.

숫자는 우측 이메일 주소 위에 있다. (예: 931-051-0000)

대부분 관리자가 있어서 승인을 해 주어야 처음에 광고가 진행된다.

'상단 우측 메뉴의 도구 → 계정 액세스 → 관리자 → 동의'의 순서로 진행한다.

담당자 이메일이 다른 경우 담당자가 수정해 줄 때까지 기다린 후 작업을 진행한다.

② 광고비용이 적을 경우 타기팅이 많으면 광고가 진행되지 않는다.

+ 상단의 모든 캠페인 화면으로 이동하여 설정을 클릭한다.

캠페인 목록이 보인다. 캠페인 앞에 녹색점이 있어야 광고가 진행된다.

사각박스를 클릭하고 수정 → 재개 하면 녹색으로 변경된다.

+ 타기팅은 좌측 세로메뉴 키워드, 잠재고객, 인구통계, 주제, 게재 위치의 5가지이다.

광고비용이 적으면 위의 타기팅 중 하나만 선택하여 광고를 진행해야 한다.

　+ 좌측 하단의 위치메뉴는 지리적인 위치를 선택하는 것이다.

　+ '알 수 없음'이란 의미는 로그인하지 않은 유튜브 사용자들이다. 이들
에게도 광고를 진행해야 하므로 세팅 시 주의한다.

　+ 캠페인 기간 세팅은 종료 일정만 가능하며, 설정에서 캠페인을 선택
하여 날짜를 변경할 수 있다.

유튜브 광고 형식

인스트림은 동영상 안에, 아웃스트림은 동영상의 외부에 광고가 진행되는 상품이다. 인스트림은 광고의 동영상에 노출이 되며, 아웃스트림은 웹페이지 및 앱에 노출된다.

모니터 화면에 보이는 방식을 붉은 색으로 표시한 것이 해당 광고이다.

광고 형식	게재위치	플랫폼	사양
디스플레이 광고	추천 동영상 오른쪽과 동영상 추천 목록 상단에 게재됩니다. 플레이어가 더 큰 경우 광고가 플레이어 하단에 게재될 수 있습니다.	데스크톱	300x250 또는는 300x60
오버레이 광고	반투명 오버레이 광고가 동영상 하단 20% 부분에 게재됩니다.	데스크톱	468x60 또는는 728x90의 이미지 광고 또는 텍스트 광고
건너뛸 수 있는 동영상 광고	건너뛸 수 있는 동영상 광고는 시청자가 원하는 경우 5초 후에 건너뛸 수 있습니다. 기본 동영상 전후 또는 중간에 삽입됩니다. 이 옵션을 사용 설정하면 건너뛸 수 있는 광고와 범퍼 광고가 연달아 재생될 수도 있습니다.	데스크톱, 휴대기기, TV, 게임 콘솔	동영상 플레이어에서 재생
건너뛸 수 없는 동영상 광고	건너뛸 수 있는 동영상 광고가 나타나면 광고를 모두 시청해야 동영상을 볼 수 있습니다. 이 광고는 기본 동영상 전후 또는 중간에 삽입됩니다.	데스크톱 및 휴대기기	동영상 플레이어에서 재생 (지역 기준에 따라) 15초 또는 20초
범퍼 광고	최대 6초 길이의 건너뛸 수 없는 동영상 광고로, 이 광고를 시청해야 동영상을 볼 수 있습니다. 이 옵션을 사용 설정하면 건너뛸 수 있는 광고와 범퍼 광고가 연달아 재생될 수도 있습니다.	데스크톱 및 휴대기기	동영상 플레이어에서 재생, 최대 길이 6초
스폰서 카드	스폰서 카드에는 동영상에 포함된 제품 등 동영상과 관련이 있는 콘텐츠가 표시됩니다. 카드의 티저가 몇 초간 표시됩니다. 동영상 오른쪽 상단의 아이콘을 클릭하여 카드를 탐색할 수 있습니다.	데스크톱 및 휴대기기	카드 크기는 다양함

영상 시청 전후 또는 중간에 재생되며 5초 후 시청자가 광고를 건너뛸 수 있는 광고 상품이다. 사용자가 동영상을 30초 지점까지(동영상 광고가 30초 미만인 경우 광고 전체를) 보거나 동영상과 상호작용하면 광고주에게 비용이 부과된다.

과금방식은 CPV(Csot Per View)이다.

상호작용이란 시청자가 영상 제목, 채널 이름, 이미지를 클릭하거나 광고자의 사이트를 방문하거나 모바일앱 다운로드 배너를 클릭하는 것을 의미한다.

유튜브 동영상 광고의 가장 대표적인 상품이다.

범퍼 동영상 광고는 6초 이하이며 다른 동영상 전후 또는 중간에 재생된다.

사용자는 광고를 건너뛸 수 없다. 노출수를 기준으로 비용이 과금되며,

CPM(1,000회 노출당 비용과금) 방식이다.

범퍼 광고는 최근 건너뛸 수 없는 광고와 연속으로 이어서 광고가 나오는 형태를 많이 보이고 있다.

■ 트루뷰 디스플레이 광고(동영상 디스커버리 광고)

유튜브 모바일 홈페이지, 관련 유튜브 동영상 옆에 디스플레이된다. 사용자가 미리보기 이미지를 클릭하면 비용이 과금된다. 영상 검색 후 영상을 클릭하면 우측에 미리보기 광고이미지가 나온다. 광고의 크기와 모양은 게재 위치에 따라 달라진다.

긴 이미지는 PC화면에서 검색했을 때 보이는 광고이미지이고, 세로이미지는 모바일 홈 화면에서 보이는 광고이미지이다.

(출처: 미기TV)

일반적으로 텍스트 오버레이 광고는 동영상 재생 프로그램 내에 표시되거나 동영상 재생 공간의 하단 20% 부분에 게재된다. 모바일에서는 재생되지 않는다.

클릭해서 봐야 과금이 된다.

(출처: 가요 베스트 가수 정일송 님의 바람개비)

■ 예약형 광고

예약 광고는 새로운 시장에 진입하거나, 새 제품이나 서비스를 제공하거나, 기존 제품이나 서비스를 다시 브랜딩하려는 등의 경우에 진행할 수 있으며 구글 애드워즈 입찰이 아닌 예약을 통해 진행해야 하는 상품이다.

1,000회 노출당 비용(CPM) 또는 하루를 기준(CPD)으로 하는 일일비용으로 광고비를 지불하려는 광고주에게 적합하다. 유튜브 메인 홈페이지 상단 검색창 아래에 게재된다.

CPM 캠페인은 최소 6일 전에 미리 예약해야 한다. 광고애셋은 최소 4일 전에 전달되어야 한다. CPD 캠페인은 2주 전에 예약해야 하며 광고애셋은 9일 전에 전달되어야 한다.

일반적으로 마스트헤드라고 부르는 광고상품은 예약상품이다. 이같은 예약상품으로는 데스크톱 맞춤 마스트헤드, 테스트톱 유니버설 동영상 마스트헤드, 모바일 동영상 마스트헤드가 있다.

■ UAC(Universal App Campaigns)

구글 애드워즈의 모바일 앱 전용 캠페인 상품이다. 앱 전용으로 앱 다운로드, 딥링크의 주소로 연결되며 모바일 기기에만 노출된다. 애드워즈에서 직접 관리한다.

■ 타기팅

타기팅은 구매 가능성이 높은 사용자나 관련성이 큰 사이트, 실적이 우수한 위치나 기기 등에 대해 입찰가를 조정함으로써 전환 가능성을 높이는 기능이다.

잠재고객, 기기, 게재 위치(특정 웹사이트 등 온라인상 게재 위치), 위치(물리적인 지리적 위치), 분류된 주제별 타기팅 등이 있다.

■ 광고용 비디오 제작 시 주의사항

① 영상의 길이 제한은 없으나 인스트림의 경우 3분 미만을 권장한다.

② 가로와 세로의 비율은 4:3이나 16:9로 해야 한다.

③ 연령제한 동영상은 홍보가 불가하며, 저속한 언어나 폭력, 선정적인 내용 등의 경우 광고게재가 거부될 수 있다.

■ 마케터가 알아두면 좋은 마케팅 용어

① GDN(Google Display Network)

유튜브와 지메일, 플레이스토어 등의 구글 서비스 그리고 구글과 파트너십 관계에 있는 사이트와 모바일 앱으로 구성된 광고 노출영역이다.

② 리마케팅

쇼핑몰이나 웹사이트를 방문한 잠재고객에게 광고를 게재한다. 사이트에서 특정제품을 조회했던 고객에게 노출되는 광고이다.

③ 잠재고객

제품 및 서비스에 대해 구매의도가 있거나 관심을 보이는 사용자 그룹을 타기팅하는 것이다. 관심분야, 구매의도, 리마케팅 잠재고객으로 세분화할 수 있다.

④ CPM(Cost Per Mile)

1,000회 노출당 비용을 과금한다.

⑤ ROAS

광고수익률, 광고비 대비 몇 배의 매출을 발생시켰는지를 측정하는 것
이다.

⑥ CPV(Csot Per View)

영상조회나 클릭 시 과금이 된다.

⑦ CPC(Cost Per Click)

클릭당 과금 방식이다.

⑧ CTR(Click Through Rate)

광고노출 대비 클릭횟수를 말한다.

⑨ CPI(Click Per Impression)

노출단가(광고비용 나누기 노출량)를 말한다.

⑩ **원채널**: 유튜브에서 영상을 업로드 할 채널을 의미한다.

⑪ **노출수**: 동영상 광고가 게재된 횟수이다.

⑫ **조회수**: 유저가 동영상을 조회한 횟수이다.

⑬ **조회율**: 광고노출 대비 조회한 비율이다.

PART 08.
동영상 촬영 기법

동영상을 촬영하기 위한 방법으로 인물 촬영과 상품 촬영을 나눌 수 있다.

대부분 콘텐츠 영상에 인물이 많이 들어가므로 인물 촬영 방법에 대해 알아보기로 한다. 동영상 촬영에 필요한 몇 가지 용어와 촬영에 필요한 내용들을 정리해 본다.

해상도 용어의 이해

① 해상도

해상도는 이미지를 표현하는 데 몇 개의 픽셀 또는 도트로 나타냈는지의 정도를 나타내는 말이다. 즉, 모니터의 해상도는 화면에 얼마나 많은 픽셀을 표시할 수 있는가를 의미하는 것이다. 해상도를 화질이라고 하는 경우도 있다.

디지털카메라에서는 1인치 안에 몇 개의 화소가 있는지를 나타내며 dpi(dots per inch)단위를 사용한다.

동영상에서는 전체 화면을 구성하는 화소수로 표기하는데, 이미지 센서의 화소를 표기하는 것으로 화소수가 높으면 이미지의 크기와 해상도

가 좋은 것으로 이해하면 쉽다. (네이버 지식백과, 백과사전 참조)

화소와 해상도의 관계를 알아보도록 하자.

화소의 표기법을 보면 예를 들어 FHDD의 경우 1920*1080=2,073,600화소수가 나온다. 여기서, 백만 단위로 잘라 200만 화소라고 표기를 하는 것이다.

다음은 해상도와 화소를 표로 만든 것이다. (참조: 위키피디아)

해상도명	픽셀 값	풀네임	화소수
HD	720P	High Definition	1280*720
FHD	1080P/2K	Full High Definition	1920*1080
QHD	1440P	Quad High Definition	2560*1440
UHD	2160P/4K	Ultra High Definition	3840*2160
SUHD	4320P/8K	Super Ultra High Definition	7680*4320

② 압축코덱

압축코덱은 디지털 신호를 가공해 특정 포맷의 신호를 만드는 것이다. 2013년 이전에는 H. 264 코덱을 이용해 왔으나 이후 H. 265를 사용한다. 이는 H. 264보다 2배 이상의 고효율 압축 코덱으로 알려져 있다고 한다. 아직까지 편집 프로그램의 대부분은 H. 264포맷을 사용한다.

③ 비트레이트

비트레이트(Bitrate)란 초당 처리해야 하는 비트(bit) 단위의 데이터 크기이다. 단위로는 '비트 퍼 세컨드(bps,bit per second)'를 사용한다. 고정 비트레이트와 가변비트레이트가 있다.

④ 프레임률

영상신호를 전송할 때 인간의 시각 특성을 이용하여 1초에 적당수의 화면(프레임)만을 전송하는데, 초당 전송하는 프레임수(frame per second)를 프레임률이라고 한다. 단위는 fps를 사용한다. 우리가 보는 동영상이 30프레임이라고 하면, 초당 30장의 사진을 보는 것을 의미한다.

⑤ 1인칭 시점(FPV)

RC 비행기나 드론을 비행하며 영상을 고글을 통해 실시간으로 보면서 조종하는 기능을 말한다. 즉, 사용자가 드론이나 비행체의 눈이 되어 운항을 하도록 하는 장비 및 기능을 말하며 줄여서 FPV(First Person View) 시점이라고 한다.

동영상 촬영 기법

───

촬영의 목표는 목적하는 화면을 효과적으로 구성하는 것이다. 프로그램의 흐름이나 상황에 따라 다양한 화면의 구성이 요구되며, 프로그램의 흐름과 무드에 잘 조화되도록 해야 한다.

카메라의 샷(shot)은 영화 또는 텔레비전 화면의 기본 단위이다. 카메라가 작동되는 순간부터 멈추는 순간까지 한 장면이나 사물을 연속적으로 촬영한 것을 말한다.

① 인물에 따른 샷

a. ECU(Extreme Close Up): 입술, 손가락 등 극히 부분적인 곳의 상세 촬영

b. CU(Close Up): 넥타이 매듭이 보이는 얼굴 전체

c. Bust shot: 가슴 아래에서 얼굴 전체

d. Waist shot: 허리 위 상반신

e. Long shot: 화면 내 높이가 3/4에서 1/3 정도

인물 촬영 시 샷의 명칭

LS(Long shot)

ECU(Extreme Close Up)

② 공간에 따른 샷

a. 헤드룸(Head Room)

머리 위에 어느 정도의 공간을 두는 것을 말한다. 가장 좋은 것은 인중의 길이 정도가 좋다고 한다. 일반적으로 머리 위에 공간을 두면 자연스럽고 밝고 즐겁거나 평범한 일상의 분위기를 연출할 수 있다. 헤드룸을 두지 않은 샷의 경우 화가 나거나 슬프거나 답답함을 느끼게 하는 샷이다.

헤드룸이 있는 샷　　　　　　　　　헤드룸이 없는 샷

b. 루킹룸(Looking Room)

노즈룸이라고도 한다. 코 앞 쪽에 여유 공간을 두라는 의미인데, 피사체의 시선 방향에 맞추어 피사체가 바라보는 방향의 공간을 비워두는 것으로, 한쪽으로 약간 치우치게 잡는다. 시선방향 공간은 2/3 정도, 피사체 위치는 공간의 약 1/3 정도 되는 곳에 위치시키는 것이 자연스럽다.

왼쪽 사진은 시선 방향으로 공간을 두어 안정감이 있고 자연스럽다.
오른쪽 사진은 시선 방향으로 공간이 부족하여 부자연스럽고 불안해 보인다

c. 리드룸(Lead Room)

루킹룸과 동일하나 좌우로 피사체가 이동할 때 동일한 간격으로 따라가면서 촬영을 하는 것을 말한다. 움직임에 맞추어 공간을 두고 이동하면서 촬영한다.

③ 각도에 따른 샷

a. 하이앵글샷(High Angle Shot)

피사체보다 높은 위치에서 찍은 샷으로, 연설을 하거나 내려다보면서 하는 행동이 있을 경우 촬영한다.

b. 수평앵글샷(Eye Level Shot)

피사체와 같은 높이에서 찍은 샷으로, 가장 이상적인 샷이다.

c. 로앵글샷(Low Angle Shot)

피사체보다 낮은 위치에서 찍은 샷으로, 키가 커 보이게 하는 모델 촬영 샷에서 많이 사용한다.

④ 각종 샷의 명칭

a. One shot: 화면 안에 한 사람만 촬영한다.

b. Two shot: 화면 안에 두 사람만 촬영한다.

c. Full shot: 사람 전체 또는 전경 전체를 촬영한다.

d. Reaction shot: 상호 피사체 간의 반응을 보이는 샷을 말한다.

e. Group shot: 인물이나 사물을 그룹으로 촬영한다.

f. Over Shoulder shot: 어깨 너머로 두 사람을 촬영한다. 주로 드라마를 볼 때 커피숍에서 두 명이 대화할 때 한 사람의 어깨 뒤에서 대화하는 상대방의 정면을 촬영한다.

g. Zoom shot: 줌렌즈를 조작하여 화면을 좁게 혹은 넓게 잡아 주는 샷 이다. 줌인 또는 줌아웃을 서서히 사용하고, 주로 음악프로그램에서 많이 볼 수 있는 샷이다.

⑤ 카메라 움직임에 따른 샷

a. 카메라 헤드만 움직이는 경우

+ Pan(Left/Right): 카메라를 삼각대(트라이포드)에 고정시킨 채로 카메라의 헤드를 좌우로 움직여 피사체를 촬영하는 샷을 말한다. 주로 좌측에서 우측으로 헤드를 움직이면서 촬영한다. 상황에 따라 우측에서 좌측으

로 움직이는 경우도 있다.

+ Tlit(Up/Down): 카메라를 삼각대(트라이포드)에 고정시킨 채로 카메라의 헤드를 상하로 움직여 피사체를 촬영하는 샷을 말한다. 주로 위에서 아래로 또는 반대로 헤드를 움직이면서 촬영한다.

b. 카메라와 삼각대 전체를 움직임

+ Dolly(In/Out): 카메라와 트라이포드를 전진 또는 후진하면서 촬영한다. 달리샷은 삼각대 아래에 바퀴를 달고 움직이면서 촬영해야 안정적으로 흔들림 없이 부드럽게 촬영할 수 있다.

+ Truck(Left/Right): 달리샷은 앞뒤로 움직이는데 트럭샷은 카메라와 트라이포드를 좌우 평행으로 움직여서 촬영한다.

+ Arc(Left/Right): 카메라와 트라이포드를 둥글게 움직인다. 영화 촬영장에서 흔히 볼 수 있는 샷으로 곡선의 레일 위를 원을 그리면서 움직이며 촬영한다.

⑥ Imagniary line(Magic line)

두 인물 또는 물체를 연결하는 직선의 한쪽에서만 촬영을 해야 한다는 뜻이다. 반대 방향에서 촬영하게 되면 시청자의 입장에서 두 사람의 위치를 혼동할 수 있기 때문에 인물 촬영 시 주의를 요한다.

⑦ 동영상 촬영의 정석

인물 중심의 영상 촬영 시 참고할 만한 영상을 소개한다. 이 영상은 공간과 각도에 따라 제작한 표준 영상이라고 할 만큼 정석으로 촬영한 영상이므로 촬영 기법을 학습하기 좋은 영상이라고 할 수 있다.

이 영상은 앞에서 설명한 헤드룸, 루킹룸, 풀샷(전체샷), 줌인·아웃 등을 다양하게 구사한 영상이다. 특히, 화면의 장면이 바뀜과 자막도 함께 바꾸어 주는 영상의 정석임을 보여 준다.

가수 윤수현의 '꽃길'이라는 영상이며, 유튜브 검색 시 상단에 노출되고 있다.

https://youtu.be/_pKT-EZg0EA를 참고로 학습을 하기 바라며, 흔히 영상을 덮어쓴다는 말을 하는데 덮어쓴다는 의미는 동일한 샷의 크기를 다음 장면에도 넣음으로써 부자연스럽게 영상이 만들어진다는 의미이다. 샷의 장면이 바뀌면서 샷의 크기가 다르고 빈 공간 즉, 피사체가 없는 공간을 활용하면서 샷을 내보내는 방법이 자연스럽다고 할 수 있다.

촬영장비

___

일반적으로 가장 손쉽게 촬영할 수 있는 장비는 스마트폰이다. 대부분의 유튜버들과 크리에이터들이 사용한다고 할 수 있다. 비싼 카메라를 별도로 구매하지 않아도 카메라의 모든 기능들이 들어 있으며, 빠르고 쉽게 촬영 가능하다는 것이 장점이기 때문이다.

구형 폰의 사용은 자제하고 가능하다면 아이폰7 이상, 갤럭시 S8 이상, LG G6 이상의 폰을 이용하여 촬영함으로써 화질과 저장용량의 불편함을 줄일 수 있다. 또한 스마트폰에 앱만 설치하여 앱을 실행하면 사진과 영상을 즉시 편집할 수도 있기 때문이다.

촬영장비는 사용하려는 목적과 방송을 실시간으로 할 것인지 녹화 방송으로 할 것인지와 실내인지 야외인지에 따라 준비를 하는 것이 좋다.

비싼 장비보다는 목적에 맞는 적합한 장비를 준비하는 것이 중요하다.

① 일반적인 촬영장비들

일반적으로 미러리스나 DLSR 카메라와 캠코더 같은 동영상 촬영용 카메라들이 있으며, 이동 중에 촬영을 하거나 공중촬영이 필요한 경우 별도로 제작된 카메라를 이용하여 다양하게 촬영을 할 수 있다.

일반적으로 카메라의 경우는 캐논, 니콘, 소니 등의 회사제품을 사용하면 무난하다. 동영상 카메라의 경우는 대부분 방송용으로 소니제품을 많이 사용하고 있다. 액션캠의 경우 소니, 샤오미, 고프로 등의 제품들이 있다.

영상 촬영의 용도에 따라서 이러한 장비들을 적절히 사용하면 멋진 영상을 제작할 수 있다.

(이미지 출처: 소니공식사이트)

② 조명

사진의 어원을 보면 '빛을 그리다'에서 왔다고 한다. 학창시절 미술시간
이 되면 그림그리기를 하는데 원근법과 명암법에 대해 배웠을 것이다. 그
만큼 화가들도 명암에 대하여 관심을 가지고 그렸다는 것인데 바로 빛의
밝기에 따라 인물이나 사물의 모습과 보는 느낌이 달라졌기 때문이 아닐
까 생각된다.

사진이 잘 나왔다는 것은 그만큼 빛의 조절이 잘되어서 사물이나 인물
을 잘 표현해 주기 때문일 것이다. 따라서 조명을 어떻게 사용해야 할지
는 무척 중요하다. 특히, 실내에서는 눈으로 보는 것보다 카메라가 받아
들이는 빛의 양이 자연광에 비해 미약하므로 조명을 잘 사용해야 한다.

일반적으로 크리에이터가 사용하는 조명도 방송용도에 따라 사용하면
된다. 인터넷을 검색해 보면 1인 방송용 조명과 마이크, 삼각대가 세트로
나오는 제품들도 많다.

(이미지 출처: 오토케(autocare97.com))

③ 마이크

동영상 촬영 시 화면만 내보내는 방송은 없다. 영상에는 반드시 오디오가 들어가는데 일반적으로 스마트폰으로 들어가는 소리는 무지향성이라서 주위의 모든 소리가 다 녹음이 된다.

특히 야외에서는 바람소리가 크게 녹음되므로 다음 이미지에 있는 것처럼 윈드실드가 씌워진 마이크를 이용하기 바란다. 실내의 경우도 음성 녹음 이외에 잡음이 많이 들어가므로 주의해서 녹음을 해야 한다.

강의를 하거나 실시간 방송을 할 경우 특히 주의를 해야 하는데 노트북의 경우 4극단자가 있는 것이 있다. 즉, 녹음 및 스피커 연결 기능이 하나의 단자로 되어 있는 노트북을 말한다. 이런 노트북은 녹음 시 시스템 자체의 기계음이 들어가므로 별도의 usb 마이크를 사용하기를 권장한다.

시스템에서 '웅~' 하는 잡음은 스피커를 통해 들을 경우 크게 들리지 않지만 이어폰을 끼고 듣게 되면 귀에 거슬려서 제대로 듣기도 힘들고 마음도 불편해져서 채널을 돌리게 된다. 필자의 경우는 헤드셋과 이어폰 등 많이 사용해 본 결과 잡음 없이 깨끗하게 녹음이 되는 USB 마이크를 사용한다. 가격대비 성능도 양호하다.

마이크의 모양이나 크기는 개별적인 선호도에 맞추어 구입하면 된다.

 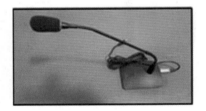

(이미지 출처: 오토케(autocare97.com))

④ 삼각대

중요하지 않은 듯하면서도 중요한 것이 삼각대이다. 일명 트라이포드라고 부른다. 삼각대 없이 오래 촬영을 하게 되면 힘이 들고 수평이 잘 맞지 않아 좋은 영상을 촬영하기 어려운 경우도 생긴다. 또한, 셀프 촬영 시삼각대를 사용하면 무척 편리함을 느낄 수 있다. 가격도 천차만별이니 적절한 삼각대를 선택하기 바란다.

요즘에는 마음대로 접을 수 있는 형태의 고릴라 삼각대도 나와 있다.

너무 저가의 경우 부품이나 품질이 좋지 않으니 적정가격의 제품을 구입하기 바란다.

(이미지 출처: 오토케(autocare97.com))

⑤ 짐벌과 스마트폰용 렌즈

최근에는 이동 중에도 손떨림 없이 촬영하기 좋은 제품으로 짐벌이라고 불리는 것이 있다. 물론 드론에 장착된 짐벌도 바람으로 인한 진동이나 떨림을 최소화하여 공중에서 안정적인 촬영을 할 수 있도록 만든 제품이다. 손으로 직접 들고 촬영하는 짐벌을 핸드짐벌이라고 부른다.

이러한 핸드짐벌로는 오즈모와 샤오미, 지윤텍의 스무스 제품들이 있다. 렌즈로는 접사용, 망원렌즈, 3D 촬영용 렌즈들도 있는데 아직까지는 사용이 불편하여 일반 카메라를 이용하여 촬영할 것을 권장한다.

(이미지 출처: DJI블로그, 지윤텍 공식사이트)

⑥ 액션캠

액션캠은 캠코더를 움직이며 촬영할 수 있는 기능을 강화한 기능이다. 스포츠와 레저산업의 발달과 더불어 산악자전거, 수영, 서핑 등의 취미운동을 즐길 경우 몸의 일부에 부착하거나 헬멧에 부착하여 촬영하는 것으로 볼 수 있다.

이런 스포츠가 취미인 유튜버라면 액션캠을 사용하여 멋진 영상들을 촬영할 수 있다.

(이미지 출처: 소니, 샤오미 공식사이트)

⑦ 360도 카메라

아래 기기는 360도 회전하면서 촬영할 수 있는 기기이다. 필요에 따라 넓은 장소나 여행지, 유적지 등에서 촬영하기 좋은 기기이다.

⑧ 드론

4차 산업혁명이라는 단어와 어울리게 드론 시장이 형성되면서 다양한 드론들이 나왔다. 공중에서 지상 사진을 촬영할 수 있는 것으로써 드론에 카메라를 부착하여 스마트폰 앱과 와이파이 환경에서 통신을 하면서 촬영을 하는 것으로 드론 기체와 조종기로 구성되어 있다.

입문용 드론은 주로 시마제품이 많으며, 촬영용으로는 DJI사의 제품을 많이 사용한다. 드론으로 촬영하는 다양한 기법을 익히고 영상을 편집하여 유튜브에 멋진 영상을 올릴 수 있다. 드론을 사용한 촬영을 하려면 기본적으로 조종면허를 취득하거나, 민간에서 운영하는 조종지도자 자격증을 취득하는 것이 유리하다. 특히, 우리나라는 드론운항 금지 구역이 많이 있어서 안전사고에 유의하며 촬영을 해야 한다. 원칙적으로 사진 촬영 시에는 항공청의 촬영허가를 받아야 한다.

(이미지 출처: 시마, DJI블로그 공식사이트)

알아두면 좋은 영상관련 용어

① 짐벌

짐벌(Gimbal)은 카메라로 동영상이나 사진을 촬영할 때, 결과물의 흔들림을 최소화하기 위해 사용하는 장치이다. 보통 내부에 자이로센서와 가속도센서가 있어서 움직이는 반대방향으로 본체를 기울여 결과물의 흔들림을 최소화해 준다.

3축과 2축 짐벌이 있다.

② 핸드짐벌

짐벌을 한손에 들어오는 크기로 줄여 놓은 장비. 중국 DJI사의 오즈모 모바일, 지윤텍의 스무스 등의 제품이 있다.

③ 타임랩스

천체나 생태변화관측 및 기록 등의 전문적인 영역에서 사용되던 특수촬영 기법이다. 긴 시간 동안 변화하는 피사체의 모습을 일정시간 간격으로 낱장 촬영하여 압축, 재생함으로써 짧은 영상으로 긴 시간에 촬영된 영상을 볼 수 있게 하는 기법이다.

영화(필름)는 초당 24프레임, 디지털 영상은 초당 30프레임으로 촬영을 한다. 일반미속, 이동미속(Moving Time Lapse), 하이퍼랩스 3가지의 유형이 있으며 저속촬영이라고도 한다. (출처: 한국콘텐츠진흥원 한주열 kbs 감독)

④ 하이퍼랩스

사람이 직접 이동하면서 촬영하는 새로운 형태의 이동미속이다. 타임랩스와 같으나 움직이면서 촬영하는 것이다.

⑤ 슬로모션

영상을 다소 느리게 플레이하여 긴박한 상황의 세세한 부분을 관객들이 놓치지 않고 감상할 수 있게 하여 긴장감을 배가시키는 효과를 위해 사용하는 영상 처리 기법 중 하나이다. 스포츠 중계에서 축구나 야구 등 중요한 순간의 경우 다시 슬로모션으로 보여 주는 영상을 상상하면 된다. (출처: 나무위키)

⑥ 브이로그

브이로그(VLOG)는 '비디오(vedio)'와 '블로그(blog)'의 합성어로, 자신의 일상을 동영상으로 촬영한 영상 콘텐츠를 말한다. 대부분의 유튜브 크리에이터들이 많이 촬영한다.

⑦ 캘리브레이션

촬영기와 피사체 사이의 거리나 조명의 급작한 변화가 있는 장면을 촬영할 때 예정된 렌즈의 초점 거리나 조리개 눈금을 측정하고 미리 표시해 두는 일이다.

사전에 촬영 기계를 조작하여 미리 기억시키고 어떤 순간에 재생을 시키는 방법이다. (출처: 네이버 만화애니메이션)

⑧ 액티브트래킹

카메라에서 지정한 피사체를 자동으로 추적하는 것을 말한다. 피사체를 선택하여 트래킹을 하라고 촬영 영상 화면으로 지시하면 촬영 시 지속적으로 피사체의 움직임을 중심으로 촬영을 진행한다. 드론이나 DJI의 앱으로 촬영 시 액티브트래킹 모드를 이용하면 자동으로 피사체의 움직임을 인식하여 작업을 수행한다.

⑨ ASMR(Autonomous Sensory Meridian Response)

주로 청각을 중심으로 하는 시각적, 청각적, 촉각적, 후각적, 혹은 인지적 자극에 반응하여 나타나는, 형언하기 어려운 심리적 안정감이나 쾌감 따위의 감각적 경험을 일컫는 말이다. 주로 예능프로그램에서 배우들이 자주 사용하는 단어이다. 그냥 듣기에 좋은 소리라고 이해를 하면 된다.

동영상 촬영하기

---

① 일반 동영상 촬영하기

동영상을 촬영하기 전에 다른 영상들을 보면서 촬영 기법을 살펴볼 필요가 있다.

크롬에서 https://youtu.be/_pKT-EZg0EA를 입력하거나, 유튜브에서 앞서 언급했던 가수 윤수현의 '꽃길' 영상을 검색해 보길 바란다. 우측 상단에 TBC라고 적힌 영상물이다. 이는 1인 방송촬영의 정석이라 할 수 있다. 화면의 빈 공간을 활용하고, 화면을 덮어씌우지 않고 적절하게 피사체와 전체샷, 줌샷 등을 활용한 방송화면이다.

단체로 출연한 경우 https://youtu.be/pBuZEGYXA6E?t=73 영상을 보거나 유튜브에서 방탄소년단의 'IDOL' Official MV를 참고해서 보기 바란다.

② 타임랩스 촬영하기

스마트폰의 카메라 기능이 좋아지면서 기본적인 기능으로 타임랩스 옵션이 들어 있다. 타임랩스에 놓고 삼각대를 이용해 10분 이상 촬영해 본 후 확인해 볼 수 있다.

③ 짐벌 촬영하기(오즈모, 스무스, 샤오미 등)

짐벌을 이용할 경우 움직이면서 촬영이 가능하다. 오즈모 또는 스무스 짐벌을 이용하여 모션타임랩스의 촬영이 가능하다.

짐벌 제조사의 앱을 설치하여 촬영을 하게 되면 촬영 시 손떨림도 방지

되어 부드럽게 촬영을 할 수 있다. 타임랩스 촬영 시에는 화면을 확대하는 것은 제한된다.

④ 하이퍼랩스 촬영하기

하이퍼랩스의 촬영을 하기 위해서는 주로 마이크로소프트사가 개발한 하이퍼랩스 앱을 이용하여 촬영을 할 수 있다.

⑤ 슬로모션 편집

슬로모션의 경우에는 앱을 이용할 수 있는데, 이미 촬영된 영상을 이용하여 부분적으로 혹은 전체적으로 슬로모션을 이용함으로써 TV 중계방송처럼 편집할 수 있다. 타임랩스와 관련된 앱으로는 TimeLapse, Hyperlapse, Efectum 등의 앱이 있다.

⑥ 3D VR 촬영

스마트폰을 이용하여 별도의 3D 촬영렌즈를 이용할 수 있다. 3D 촬영 영상은 VR기기로 보아야 영상감을 느낄 수 있다. 스마트폰으로 VR 형태의 촬영을 하려면 별도의 3D 촬영기기를 렌즈 앞에 부착하여 촬영하여야 한다.

⑦ 접사 및 망원렌즈를 이용한 촬영

스마트폰 기기에 따라 다르지만 접사렌즈, 망원렌즈를 이용하면 촬영이 가능하다. 저가 제품의 경우 화질이 스마트폰 자체 기능보다 떨어질 수 있으니 구입 시 충분히 확인하고 구매해서 사용해야 한다.

동영상을 촬영했다면 자막이나 이미지, 오디오 등을 추가하여 편집을 함으로써 좀 더 세련된 영상을 만들 수가 있다. 영상을 편집하기 위하여 촬영 외에도 편집 프로그램을 다룰 줄 알아야 한다. 주로 편집에 사용되는 프로그램은 어도비 프리미어, 파워디렉터, 베가스 등 전문 편집 프로그램들이 있다.

프리미어 프로는 실시간, 타임라인 기반의 영상 편집 응용 소프트웨어로 어도비시스템즈사에서 개발한 것으로 어도비 크리에이티브 제품군에 속해 있다. 대중들에게도 널리 알려져 있으며, 대부분의 전문가들이 사용하는 편집 소프트웨어이다.

구매 부담이 되는 경우를 대비해서 월 임대료로 지불하고 사용할 수도 있다.

파워디렉터는 CyberLink Corp에서 개발한 소프트웨어로 고급 편집 기능을 사용할 수 있다. 베가스는 소니 크리에이티브에서 제작하였으나 지금은 MAGIX에서 소유하고 있다.

다음은 동영상 편집 프로프램의 대표적인 웹사이트들이다.

- 어도비 프리미어 프로CC: https://www.adobe.com/kr/products/premiere.html

- 파워디렉터: https://kr.cyberlink.com/

- 베가스: https://www.vegascreativesoftware.com/kr/

전문가용 편집 프로그램들은 처음부터 어렵게 접근하면 쉽게 포기할 수도 있으니 우선 쉽고 간단하게 다룰 수 있는 프로그램을 소개하고자 한다.

인터넷으로 검색을 해 보면 '곰믹스프로'라는 프로그램이 있다. 프로그램은 무료와 유료버전의 두 가지가 있는데, 유료버전은 무료버전에 비해 좀 더 다양하고 사용할 수 있는 자원들이 더 많다. 무료버전은 인코딩 시간의 제한과 워터마크가 영상에 삽입되는 제한이 있다.

무료로 우선 사용해 보고 지속적으로 더 잘 사용하고 싶을 때는 유료로 구매하여 사용할 만하다. 프로그램의 가격이 저렴하고 영구적으로 이용이 가능한 정식버전을 사용하는 것을 추천한다.

영상편집에 사용할 만한 프로그램으로는 국내외에서 제일 저렴하고 초보자에게는 적합한 프로그램이다. 곰믹스프로, 곰캠, 곰인코더, 곰녹음기 모두 다운받아 사용하면 영상작업이 수월해질 것이다. 다만 프로그램이 무거워서 컴퓨터의 속도가 좀 떨어지기는 하므로 영상 제작용으로 사용할 컴퓨터는 고성능의 컴퓨터를 사용할 것을 권장한다.

여기서는 곰믹스프로의 몇 가지 대표적인 기능만을 소개한다. 작업은 프로그램을 직접 설치하여 영상편집을 해 보면 기능을 빨리 습득할 수 있다.

곰믹스프로 사용하기

웹사이트(https://www.gomlab.com/)에 접속하여 곰믹스프로 프로그램을 다운로드 받아 설치한다.

웹사이트에서 무료 혹은 구매하기를 눌러 다운받을 수 있다.

다운로드 받은 후 프로그램을 설치한다.

설치하고 나면 다음과 같은 화면이 나타난다.

①은 편집 시 미리보기 화면이다. 작업을 진행하면서 모니터링을 할 수 있다. 편집 시 초 아래 단위까지 세세하게 편집되는 영상을 미리 볼 수 있다.

②는 편집도구와 다양한 영상소스를 모아 놓은 화면이다.

a. 미디어소스 메뉴에서는 현재 프로젝트를 진행하게 되면 먼저 편집할 동영상을 드래그하여 파일을 추가하거나 파일추가 버튼을 눌러 파일을 가져올 수 있다. 미디어소스에는 동영상, 이미지, 오디오파일 등을 가져다 놓고 하나씩 선택하여 작업을 할 수 있다. 사용하지 않을 경우에는 맨 우측의 삭제버튼을 누르면 된다. 여기서 삭제해도 아래 ③에 삽입된 편집물은 삭제되지 않는다.

텍스트/이미지는 영상에 자막을 추가하는 것이며 위치와 자막의 시간 길이는 ③에서 조정할 수 있다. 또한, 미리 만들어 놓은 이미지가 있을 경우 컴퓨터 파일에서 가져다가 사용할 수 있다.

템플릿 메뉴는 사전에 미리 제작된 애니메이션효과나 프레임을 사용하는 것이다. 오버레이클립은 영상의 효과를 강조하거나 다양한 효과를 추가할 수 있다. 필터를 이용하여 영상의 흑백효과를 낼 수 있다. 영상전환은 사진이나 영상이 단절되고 이어지는 부분을 부드럽게 전환하기 위해 사용되는 전환효과로 적절하게 사용할 수 있다.

b. 파일을 가져온 후 ③의 미디어소스로 가져온 영상파일을 드래그하게 되면 미리보기 화면에 편집할 영상으로 보여 주게 되고 실제 편집은 ③의 타임라인을 이용하여 작업을 진행하게 된다.

③의 타임라인에는 편집도구들이 있다.

빨간색 네모박스의 기호들은 앞으로, 뒤로, 휴지통, 가위 등 다양한 메뉴들이 있는데 이 메뉴들을 이용하여 동영상의 길이를 자르거나 오디오의

길이를 잘라 편집하고 필요 없는 영상을 삭제하거나 붙이는 일을 한다.

아래쪽의 다섯 가지 항목들은 타임라인의 위치를 지정하고 수정하는 작업을 할 수 있다.

④ 하단에 있는 메뉴는 영상 저장 폴더와 출력 시 환경설정메뉴이다. 인코딩시작 버튼이 있어서 편집이 끝난 후 인코딩을 해 주어야 한다. 동영상의 품질을 지정해 주는 마지막단계의 메뉴이다.

실제 촬영한 영상을 가지고 동영상 자르기, 자막 넣기, 다양한 영상효과 삽입하기, 배경음악 추가하기 등의 작업을 진행해 기본기를 마스터해 보도록 하길 바란다.

영상편집을 위한 프로그램들

영상편집을 하다 보면 여러 가지 프로그램들이 필요하다. 편집 프로그램 이외에 기본적으로 사용하는 프로그램들은 알캡처, 알씨, 곰녹음기, 곰캠 등도 보조적으로 사용하는 경우가 있으니 참조하기 바란다.

+ 알캡처는 컴퓨터와 웹사이트의 이미지를 캡처할 수 있는 프로그램이다.

+ 알씨는 이미지를 볼 수 있고, 필요 시 이미지의 크기를 편집할 수 있다.

+ 곰녹음기를 이용하면 음성으로 녹음할 수 있고, 동영상 편집 시 더빙 작업을 할 경우 녹음된 음성을 가져다가 편집할 수 있다.

+ 곰캠을 이용하면 PC화면을 캡처하여 저장할 수 있다.

곰믹스프로의 경우 여러 가지 관련 영상작업 편집 프로그램도 제공되니 필요에 따라 사용해 보기 바란다.

+ 이미지 편집 프로그램으로는 포토샵을 사용하면 좋겠지만 소프트웨어 가격도 부담스러우니, 포토스케이프라는 무료 이미지 편집 프로그램을 사용해 보길 권장한다.

곰랩 홈페이지의 다운로드 사이트에는 영상편집을 지원해 주는 다양한 프로그램들이 있다. 곰녹음기의 경우 조금은 프로그램이 무겁다는 느낌이 들곤 한다. 하지만 웬만한 작업들은 프로그램에 있는 것만으로도 가능하며, 품질보다는 빨리 편집하여 올릴 경우에는 아래의 프로그램들이 나름 유용하다. (www.gomlab.com)

포토스케이프라고 불리는 프로그램도 다양한 기능들이 많이 있다. 사진 자르기, 붙이기, 편집, 명암조절 등의 기본적인 기능과 gif 만들기, 사진 이어붙이기 등 빠르고 쉽게 사용할 수 있는 이미지 작업툴이다. 인터넷에서 검색하면 무료로 다운로드 받아 사용할 수 있다.

개체메뉴를 이용하면 글씨도 추가할 수 있고, 다른 사진과의 합성도 가능하다. 사진의 도구를 이용하여 모자이크 처리도 할 수 있고, 빨간 눈 보정기능도 있다.

PART 10

라이브방송하기

라이브방송 설정하기

———

1인 라이브방송은 시청자와 실시간으로 소통을 할 수 있다는 큰 장점이 있다. 유튜브에서는 크리에이터 스튜디오의 실시간 스트리밍 메뉴를 이용하여 실시간으로 방송진행이 가능하다.

하지만 실시간 방송을 위해서는 몇 가지 설정사항이 필요하고, 서드파티의 제품을 이용하여야 하므로 실시간 방송용 프로그램을 다운로드하여 방송하는 방법을 알아보도록 하자.

일반적으로 방송국에서 송출되는 방송은 영상과 음향장비가 상당히 고가이며, 전파를 이용하거나 유선방송을 통해 방송을 볼 수 있다. 그러나 지금은 인터넷 시대이므로 누구든지 방송을 하고자 한다면 1인도 방송이 가능한 시대이다.

더구나 4차 산업혁명이란 키워드와 함께 거대 통신사에서는 5G 시대가 도래하고 있음을 알리고 있다. 대역폭이 넓어지면 방송을 하는 1인 미디어에 혜택이 돌아갈 수 있다. 빠른 인터넷 속도와 대용량의 전송으로 실시간 라이브방송은 더욱 인기가 있을 것으로 보인다.

지금은 라이브방송 시대라 할 만큼 유튜브뿐만 아니라 SNS의 대표주자라 할 수 있는 페이스북과 인스타그램 등도 라이브방송 서비스를 지원하고 있으며, 최근에는 '트위치'라고 하는 게임방송 전문 플랫폼도 일반 스트리밍 전문 플랫폼으로 변신을 꾀하고 있는 추세이다.

라이브방송은 녹화나 편집방송과 달리 실시간으로 이루어지기 때문에 방송진행자는 더욱 긴장을 하게 되고, 더 좋은 영상으로 시청자와 소통을 하고 공유하려고 한다.

유튜브 라이브방송은 스마트폰과 PC로 진행할 수 있다. 먼저 PC로 라이브방송을 하는 과정을 먼저 살펴보겠다.

몇 가지의 설정과정이 필요한데, 천천히 따라하면 누구나 할 수 있다.

우선 크리에이터 스튜디오의 실시간 스트리밍 메뉴를 클릭한다. 시작을 클릭하면 다음과 같은 화면이 나온다. 본인 인증 후 24시간 후에 가능하다. 실시간 스트리밍을 위해서는 인코딩 소프트웨어가 필요하다. 유튜브에서 수익창출이 가능한 채널의 경우에는 라이브방송 중 중간광고 삽입과 슈퍼챗(후원) 기능을 사용할 수 있다.

현재 실시간 스트리밍에 대한 상태, 미리보기 이미지, 실시간 스트리밍 체크리스트, 기본정보, 스트림옵션, 카드, 채팅창, 인코더 설정, 분석 등에 대한 메뉴들을 볼 수 있다.

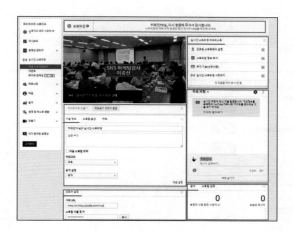

아래 인코더 설정 메뉴의 서버 URL과 스트림이름 및 키가 있는데 이것은 고정값이므로 라이브방송 설정 시 필요한 것이다. 받아온 킷값은 절대 노출되지 않게 주의해야 한다. 실시간 스트리밍을 위해서는 서드파티에서 제공하는 OBS와 Xsplit라는 인코딩소프트웨어를 주로 사용하므로 두 가지에 대한 사용법을 보기로 한다.

OBS와 Xsplit를 다운로드 받을 수 있는 사이트의 주소를 참고하기 바란다.

- OBS 웹사이트: https://obsproject.com

- Xsplit웹사이트: https://www.xsplit.com

이벤트 메뉴는 라이브방송 중에 이벤트를 할 수 있는 기능을 추가하기 위한 메뉴이다. 라이브관제실과 연동되어 사용하기 위한 것으로 보이며, 베타테스트 후 정식 서비스가 될 것으로 보인다.

현재 메뉴는 정보 및 설정, 처리 설정, 카드 그리고 라이브관제실이 있는데 이벤트를 할 때마다 새로운 라이브 영상들이 만들어진다.

실시간 스트리밍 기능 중에 '라이브관제실'이라는 메뉴가 추가되었다. 아직은 베타테스트중인 기능처럼 보이는데 인코딩 프로그램인 OBS와 Xsplit와 연동하여 실시간 스트리밍 서비스를 할 수 있는 기능처럼 보인다.

OBS로 라이브방송하기

먼저 OBS를 다운받아 실행해 보자.

사이트에서 해당 컴퓨터의 OS를 확인하고, 윈도우 사용자는 WINDOWS
를 선택하여 다운로드 받는다. 윈도우와 맥, 리눅스를 지원한다.

다운로드 받은 프로그램을 실행한다. 설치파일이 나오고 설치완료가
나온다. 프로그램을 실행한 후 옵션에 따라 선택한다.

실시간 라이브방송은 방송 최적화로 선택한다. 해상도는 1920*1080P를
선택한다. 초당 프레임수는 60으로 선택한다.

방송형식은 방송서비스를 서비스는 유튜브를 선택한다. 유튜브의 크리
에이터 스튜디오에 있는 스트림키를 복사하여 입력한다.

기본적인 옵션들의 설정이 완료되었으면 설정을 적용한다.

첫화면은 검은색 바탕화면에 메뉴들이 나오는 것을 볼 수 있다.

우측 하단의 설정 버튼을 클릭한다. 일반을 눌러 언어를 한국어로 설정
한다.

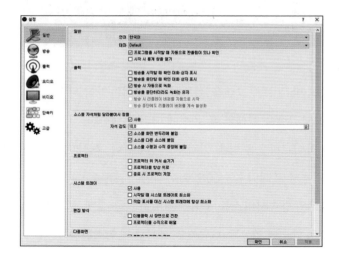

방송메뉴를 클릭하여 유튜브의 인코더 설정에 있는 스트림키를 복사하
여 붙여넣는다.

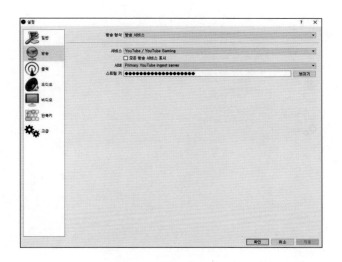

출력설정 메뉴를 클릭하여 녹화경로를 지정해 준다.

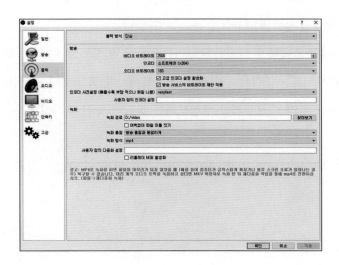

오디오에서 마이크 장치를 선택해 준다. 샘프레이트는 44.1로 하여 스
테레오채널을 선택한다.

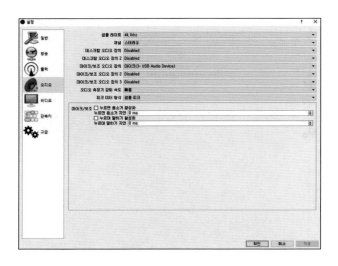

단축키는 라이브방송 시 화면전환을 할 때 자주 사용하게 되는데 키보드의 키를 직접 설정해 주고 사용하면 된다. 왼쪽 하단의 장면이라는 값이 있고 장면 하위에 메뉴들을 추가할 수 있다.

우측에 소스목록을 클릭하여 + 버튼을 누르면 메뉴들이 나오는데 비디오캡처 장치를 + 클릭하여 여러 가지 목록에서 선택을 한다. 노트북의 경우 사양에 따라 다르겠지만 웹캠보다는 화질이 좋은 외장카메라를 사용할 것을 권장한다.

디스플레이 캡처는 전체 화면을 캡처하는 것이고, 비디오 캡처는 카메라를 의미한다.

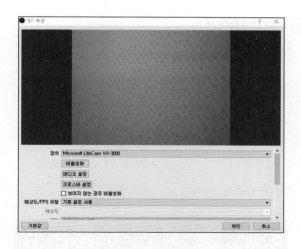

하나를 추가한 후 다시 필요한 장면으로 만들기 위해 소스의 + 버튼을
클릭하여 메뉴를 선택하고 세팅한다. 만약 잘못 추가한 경우 해당 메뉴
에서 마우스 우측 버튼을 누르고 삭제를 선택하여 지우도록 한다. 세팅이
완료되면 라이브 방송을 해 본다. 방송 시작을 누르면 방송이 시작된다.

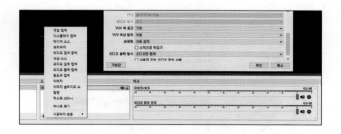

OBS를 이용하여 유튜브 방송을 하는 방법을 살펴보았다.

Xsplit로 라이브방송하기

―

이번에는 Xsplit의 사이트에 접속하여 프로그램을 다운받아 라이브방송
을 해 본다.

프로그램을 설치하고 나면 회원가입을 하라고 나오는데 가능하면 구글
메일을 사용하는 것이 좋다. Xsplit의 첫 화면에서 OS에 맞는 프로그램을
다운로드하여 설치하고, 실행한다.

프로그램을 설치한다.

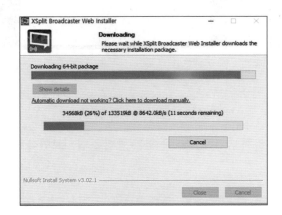

파일을 열어 새 프리젠테이션을 클릭한다.

장면1 아래 소스 추가를 클릭한다.

Scene 캡처를 클릭하여 모니터 캡처를 클릭한다.

소스메뉴를 이용하여 하나씩 장면들을 추가하고 오디오도 추가한다.

다음 이미지처럼 구성할 수 있다. 채팅방의 경우에는 라이브가 시작되면 자동으로 활성화가 된다.

라이브 채팅은 현재 화면에서 채팅을 하는 것이 아니라 유튜브 크리에이터의 지금 스트리밍하기 페이지에 있는 주요 채팅창에 채팅글을 입력하게 되면 화면에 보인다.

Scene2, 3처럼 필요한 장면들을 미리 세팅하고 프레젠테이션으로 저장해 놓으면 언제든지 라이브방송할 때 저장된 프레젠테이션으로 사용을 할 수 있다. 직접 라이브방송을 하면서 테스트해 보기 바란다.

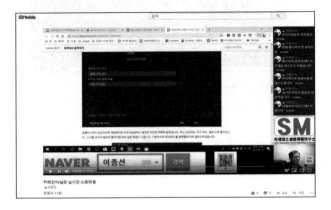

이런 형태로 꾸미서 방송을 할 수 있으며, 모니터가 두 개인 경우 상황에 따라 모니터를 스위칭하면서 라이브방송을 진행할 수 있다.

지금까지 PC 기반에서 OBS와 Xsplit을 활용한 라이브방송을 살펴보았다.

스마트폰으로 라이브방송하기

이번에는 스마트폰으로 직접 라이브방송을 하는 방법을 알아보자.

스마트폰을 이용하려면 유튜브 앱을 설치하여 라이브방송을 할 수 있다. 스마트폰에서 유튜브 앱을 실행하면 메인화면이 나의 관심사에 맞추어 보인다. 메인화면의 우측 상단에 있는 카메라 아이콘을 클릭한다.

모바일 라이브 방송을 클릭하면 우선 채널을 만들어야 한다. 대부분 본인 이름으로 만들어진다. 설정을 하면 본인인증에 대한 인증번호가 오는데 국제번호로 문자가 들어온다. 보이스피싱이 아니니 인증번호를 입력한다. 스트리밍 서비스는 바로 이용이 안 되고, 24시간이 지나야 사용이 가능하다고 나온다. 설정 후 24시간 후에 스트리밍을 해 보길 바란다. 구독자는 1,000명이 넘어야 가능하다.

세 가지 모드가 있는데 녹화, 실시간 스트리밍, 저장된 동영상을 업로드 할 수 있다.

녹화는 촬영을 하여 녹화한 후 업로드 하는 방식이며, 저장되어 보이는 영상들은 바로 업로드 할 수 있다.

실시간 스트리밍 시작을 누르면 바로 라이브방송 준비가 된다. 여기서 방송제목을 입력하고 공개, 미등록을 선택할 수 있다. 공개는 모든 사람이 검색하고 볼 수 있으며, 미등록은 링크를 알고 있는 사람만 시청을 할 수 있다.

위치를 선택하면 현재 위치에서 방송을 진행하고 있다는 것을 알 수 있다.

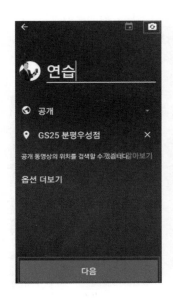

상단의 카메라 아이콘을 눌러서 셀프 촬영모드와 일반촬영모드를 변경 할 수 있다.

촬영준비가 완료되었으면 다음을 누른다. 그러면 미리보기 이미지인 썸네일을 자동으로 촬영한다. 수정하려면 연필 아이콘을 클릭하여 미리보기 이미지를 수정할 수 있다. 가로, 세로 모드로 촬영이 가능하다.

실시간 스트리밍 시작을 누르면 실시간 스트리밍중이라는 메시지가 나오면서 방송이 시작된다. 방송이 시작되면 시간과 좋아요 등이 표시된다. 라이브방송을 종료하려면 우측 상단의 X표를 클릭한다.

스트림이 종료되면 방송에 대하여 간단한 통계를 보여 준다.

확인 후 완료버튼을 누른다. 방송이 종료된다. 종료되면 자동으로 업로드가 된다.

공개를 하지 않을 경우 미등록으로 옵션을 선택한 후 방송을 진행한다.

PART 11

스마트폰을 활용한 유튜브 이용

유튜브 모바일 화면 구성

스마트폰을 이용하여 유튜브를 시청하고 관리할 수도 있다. 모바일기기에서의 유튜브 홈 화면은 상단에 로고와 영상, 검색, 계정 정보 메뉴가있고, 중간에는 광고 영상이 있으며, 구독중인 채널의 영상을 보여 준다.

하단에는 홈, 인기, 구독, 수신함, 라이브러리 다섯 개의 메뉴로 구성되어 있다. 유튜브는 모바일로 시청이 가능한데 안드로이드폰이나 아이폰으로 앱을 다운로드 받아 설치하면 유튜브를 이용할 수 있다. 유튜브를설치하고 앱을 실행시키면 다음과 같은 화면이 나온다.

① 상단메뉴

유튜브 로고, 업로드, 검색, 계정으로 이루어져 있다. 어느 화면에서든 로고를 누르면 첫 메인화면으로 온다. 업로드는 영상을 업로드 하는 메뉴로 이미 유튜브 라이브방송에서 설명하였다.

돋보기는 검색하기 메뉴로서 보고 싶은 영상을 검색하여 볼 수 있다.

메뉴의 우측 사진은 사용자 계정을 보여 준다. 사용자 계정에는 내 채널과 시청시간, 설정 등의 메뉴를 볼 수 있다.

② 광고

나의 관심사에 맞게 광고주의 타깃에 맞게 들어오는 광고로서 관련 없는 광고라면 광고를 거부할 수도 있다. 이미지 우측의 세로점 3개를 클릭하여 옵션에 맞추어 선택하면 된다.

③ 인기

음악이나 게임, 영화와 같은 콘텐츠들 중 인기 있다고 하는 콘텐츠를 카테고리별로 유튜브에서 제공해 주는 메뉴이다.

④ 하단메뉴의 구독

내가 관심 있는 채널을 구독하겠다고 한 채널들의 목록을 보여 준다.

채널이름을 외우지 않고 있어도 내가 구독 신청한 채널을 전부 보여 준다.

⑤ 수신함

메시지와 알림이 있는데 메시지는 주고받는 메시지를 저장해 놓는 곳
이다.

알림은 내가 구독하고 있는 채널에 새로운 영상이나 실시간 방송이 시
작되었을 때 나에게 알려 주는 기능이다. 모든 알림들이 수신함에 쌓여
있다. 실시간 방송이 시작되는 내가 구독하는 채널이 있거나, 새로운 영
상이 내가 구독하는 채널에 업로드 되었을 때 푸시알림 기능으로 내 수신
함에 알림으로 오게 된다. 때로는 불편할 경우도 있지만 필요한 영상인
경우에는 알림 기능이 유용하기도 하다.

⑥ 라이브러리

최근 본 동영상부터 내 채널의 재생목록을 보여 준다.

기록은 최근부터 보았던 영상들을 리스트로 보여 주는데 간혹 최근에
본 영상을 다시 보고 싶을 때 기억이 나지 않는 경우에 기록을 누르면 알
수 있다. 내 동영상은 내가 만들어서 업로드 한 영상들을 최근순으로 보

여 준다.

　구입한 영상과 나중에 볼 동영상 메뉴도 있다. 재생목록은 최근에 내가 좋아요를 누른 동영상의 목록과 내 채널의 재생목록을 보여 준다. 이처럼 유튜브 영상을 보거나 계정관리도 모바일로 할 수 있다.

모바일로 유튜브 동영상과 오디오 다운받기

유튜브의 동영상이나 소리만을 내 모바일기기에 다운로드 받을 때에 사용하는 튜브메이트라는 앱이 있다. 이 앱은 구글 플레이스토어에서는 다운로드 받을 수 없고, 원스토어에서 다운로드 받아야 한다.

원스토어는 대부분의 모바일기기에 설치되어 있다. 튜브메이트는 유튜브에 있는 영상과 사운드를 모바일로 다운로드 받을 수 있는 앱이다.

영상과 함께 영상에 포함된 오디오만 별도로 다운로드 받을 수 있는 기능도 있다. 대부분 통신사들의 기본 홈 화면에는 원스토어가 있으나, 설치되어 있지 않은 경우에는 원스토어(https://www.onestore.co.kr)에 접속하여 우측 상단의 앱 설치를 클릭하여 원스토어앱을 설치하여야 한다. 일반적으로 안드로이드 폰의 앱 화면에 설치되어 있다.

원스토어가 없는 경우에는 네이버 검색에서 원스토어를 검색한 후 해당 사이트에서 앱을 다운로도 받아 설치한 후 이용하면 된다. 원스토어도 플레이스토어처럼 국내 통신사가 개발한 앱스토어이다.

그림처럼 원스토어를 실행하고 튜브메이트를 검색하여 앱을 다운로드 받는다.

앱을 실행한 후 찾고자 하는 정보의 키워드를 입력한다.

원스토어를 실행하고 두 번째 이미지처럼 앱을 클릭한 후 세 번째 이미지의 검색창에서 튜브메이트를 검색한다.

튜브메이트 3.0 최신 버전을 검색하여 설치한다.

■ 유튜브에서 동영상 다운로드 받기

① 튜브메이트 3.0을 실행시킨다. 모든 설정에 동의함을 선택하고 다음
버튼을 눌러 화면을 넘긴다. 아래 시작하기 버튼을 클릭한다.

② 튜브메이트에서 원하는 동영상을 검색한다. 검색은 우측 상단의 돋보기를 클릭한다.

예) 바람개비 또는 정일송

③ 선택한 동영상을 실행한다.

④ 영상이 실행되면 우측 하단의 다운로드 버튼을 클릭한다.

⑤ 비디오 분석 중과 그 이후에 다운받을 동영상의 크기 창이 여러 가지 리스트로 나오는데 숫자가 높을수록 고해상도이며 용량이 크고 다운로드 속도도 느리다. 1290*720 또는 파란색으로 추천해 주는 영상을 클릭한다.

⑥ 우측 하단의 붉은 색 버튼 클릭하면 → 다운로드 된다.

⑦ 재생은 갤러리 → 비디오 폴더 안에 있다.

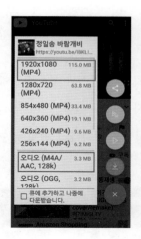

⑧ 설치 시 MP3 컨버터 설치하라는 메시지가 나오면 설치한다.

컨버터를 설치하면 비디오 영상뿐만이 아니라 MP3, AAC 형태의 오디오 포맷을 다운로드 받을 수 있다. 컨버터를 설치하지 않으면 계속 설치 메시지가 나오니 MP3 컨버터 앱도 설치하여 사용하기 바란다.

⑨ 다운로드 받을 경우 *로 시작하는 영상은 저작권 문제로 다운로드가 안 될 수도 있다는 경고가 있으나, 대부분 다운로드가 정상적으로 이루어진다.

모바일용 영상편집 프로그램

모바일 동영상 편집 프로그램으로 유료버전과 무료버전이 있다. 구글 플레이스토어에서 다운로드 받아 사용할 수 있다. 키네마스터, 비바비디오, 아이무비 등의 프로그램으로 영상을 제작하고 편집할 수 있다. 직접 다운받아 사용해 보기를 권한다.

① 키네마스터

키네마스터는 모바일용 동영상 편집 프로그램이다. 무료로 사용하면 워터마크가 우측상단에 나오며, 유료의 경우에는 워터마크 없이 사용할 수 있다. 키네마스터로도 멋진 영상을 편집하여 유튜브에 올릴 수 있다. 키네마스터는 구글 플레이스토어에서 다운로드 받을 수 있다. 키네마스터를 이용하여 이미지, 동영상을 편집할 수 있고 특수효과 및 전환효과, 자막과 오디오를 추가하여 영상을 제작할 수 있다. 키네마스터로 작업을 진행할 때는 화면을 가로로 놓아진 상태에서 작업을 진행해야 한다. 무료로 사용하는 프로그램이므로 사용 시 약간의 제약이 있다. 조금 고급스러운 영상제작을 하려면 유료로 구입하여 사용할 수 있는데 유료의 경우 오디오나 템플릿 애셋을 무료에 비하여 더 많이 제공받을 수 있다.

② 비바비디오

동영상 촬영 및 편집, 사진 슬라이드 쇼 기능을 제공하며, 동영상의 길이를 조정할 수 있으며, 미리 만들어진 템플릿 기능을 이용하면 빠르게 영상제작이 가능하다.

키네마스터와 비슷한 기능들이 있으며, 아이폰에서도 작업이 가능하다. 무료로 사용 시 일부 제약이 있다. 하지만 템플릿이 다양하므로 필요에 따라 키네마스터와 적절히 사용하면 다양한 영상들을 제작해 볼 수 있다.

③ 아이무비

아이무비는 애플에서 개발한 것으로 아이폰, 아이패드 등 iOS 기기에서 사용할 수 있다. 아이무비를 이용하여 동영상을 편집하고 배경음악과 오디오 입력, 전환효과 등을 사용하여 영상을 편집할 수 있다.

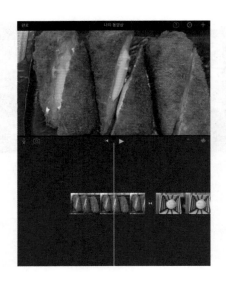

PART 12

콘텐츠 제작 및 영상기획

B급 영상

———

미국에서 영상매체로서 영화산업이 발달하면서 메이저 영화들이 많이 나타나게 되었는데 이러한 영화를 A급이라고 하였으며, 상대적으로 저렴한 제작비와 무명배우들을 이용하여 특정소재나 장르를 가지고 상업적인 영화를 만들어 상영한 영화들은 B급 영화라고 하였다. 여기서 태생된 용어로 이해하면 된다. 국내 유튜브의 광고나 영상에도 B급 영상이 많으며 스토리와 흥미가 탄탄한 영상들을 많이 볼 수 있다. 일반인들이 출연하여 실감나고 거부감 없이 표현한 영상들이 오히려 친근감이 더 가는 경우가 많이 있으니 영상 제작 전에 많이 분석하길 바란다. (출처: 네이버 지식 검색, hope 답변 발췌 인용)

콘텐츠의 제작과 영상기획

유튜브에서 콘텐츠는 결국 시청률과 구독자의 확보를 늘리는 핵심동력이라고 할 수 있다. 영상을 제작하고 편집하는 일보다 중요한 것이 어떠한 콘텐츠를 가지고 채널을 운영해 나갈 것인가 하는 것이다. 일시적으로 인기를 끄는 콘텐츠보다는 지속적으로 꾸준하게 끌고 갈 수 있는 콘텐츠를 개발해야 한다.

유튜브의 인기 콘텐츠는 게임, 뷰티, 음악, 영화, 스포츠, 요리, 엔터테인먼트 등 다양하다. 일반적으로 유명 유튜버들의 콘텐츠는 게임이나 뷰티, 여행 등 확실한 콘셉트를 가지고 간다.

1인 크리에이터는 혼자서 영상제작, 편집을 모두 작업을 해야 하므로 업무가 과하다고 할 수 있다. 또한, 단순히 촬영만으로 유튜브의 크리에이터로 성장하는 것이 아니라 촬영콘셉트와 콘티 등의 업무도 모두 직접 해야 하는 1인 다역의 역할을 하는 부담이 있다. 콘텐츠의 콘셉트가 설정이 되었다면 촬영에 들어가기 전에 해야 할 일이 있다. 바로 스토리보드의 작성이다. 스토리보드는 영상제작 외에도 콘텐츠의 개발이 필요한 업종에서도 같은 용어를 사용한다. 여기서는 영상스토리보드라고 할 수 있는데 스토리보드라고 칭하기로 한다.

스토리보드

—

스토리보드는 영상이나 주요 장면 등에 대하여 하나의 스토리처럼 만들 보드라고 할 수 있다. 즉, 하나의 장면 장면마다 간단하게 장면에 대한 설명을 하는데 제작진, 스텝, 주인공들이 해당 장면에서 취해야 할 행동 등을 시각적으로 미리 볼 수 있게끔 그림이나 도식을 이용하여 설명해 놓은 것이다.

어떤 장면에서의 그림이 하나 있다면 그에 따른 주인공의 행동이 있고, 카메라는 어느 정도의 크기로 피사체를 촬영해야 하는지를 기록한다. 음향이나 마이크를 사용할 경우 어떤 기기를 사용하고, 영상의 길이는 몇 초 또는 몇 분 단위로 해야 하는지를 기록해놓은 것이다. 스토리보드를 보면서 미리 장면들을 예상할 수 있어서 함께 영상을 제작하는 팀들이 촬영 시 많은 도움이 될 수 있다.

① 러프 보드(rough board)

처음 장면을 그릴 때 대충 러프하게 그려 놓은 것이다. 세세한 내용들을 기록하지 않으며, 연필로 윤곽 정도만을 그려놓은 것이라고 생각하면 된다. 구체적인 내용들보다는 큰 그림으로 스케치만 한 정도로 이해할 수 있다.

② 프레젠테이션 보드(presentation board)

제작자와 스태프, 배우들이 쉽게 이해할 수 있도록 하기 위해 구체적인 장면과 각 영상과 음향, 조명, 의상 등 세부적인 부분까지 자세하게 기록한다.

제작에 관계되는 모든 사람들이 보았을 때 스토리보드만으로도 각자의 역할을 수행할 수 있도록 자세하게 기록하는 단계이다.

③ 촬영 콘티(shooting conti)

실제 촬영 현장에서 필요한 스토리보드라고 할 수 있다. 카메라의 움직임과 이동 방향, 사용할 앵글의 종류, 구체적인 인물의 행동과 대사의 길이, 조명의 위치, 촬영에 소요되는 시간, 배경 등 촬영에 필요한 모든 요소를 고려한다. (출처: 네이버 스토리보드[storyboard])(영화사전, 2004.9.30, propaganda)

④ 콘티는 콘티뉴이티(Continuity)의 약자이다.

영상을 구성할 때 하나의 영상에서 다음 영상으로 자연스럽게 이어질 수 있도록 대본에 대사나 카메라의 위치, 지문, 음향 사용, 영상시간 등을 사전에 미리 기입하여 놓은 것을 말한다. 방송제작 시 이러한 콘티에 따라 순서대로 진행하게 된다.

영상스토리보드

—

다음 그림은 영상콘티제작에 따른 스토리보드이다. 이러한 스토리보드는 작업을 하는 곳마다 조금씩 차이가 있을 수 있으므로 하나의 샘플로 참고하길 바란다.

기획서와 스토리 보드의 간단한 샘플도 첨부하였다.

(샘플 1)

독립선언서 작품 제작 기획서

프로그램명	독립선언서 낭독	PD	이종선
완료 일시	2019. 2. 28. (목)	분량	2분 30초 ~ 3분 이내
제작 방향	독립선언서 낭독하기		
부제	3·1절을 생각하며 독립선언서 낭독하기		
기획 의도	삼일절 100주년을 기념으로 하여 나도 민족대표 33인이라고 생각하고 한글로 된 독립선언서를 여러 명이 함께 낭독해 보기		
내용	3·1운동과 임시정부수립이 100주년이 되는 해를 기념하여 복지관에 오시는 어르신들과 함께 그날을 기억하며 내가 민족대표라는 콘셉트로 독립선언서를 낭독해 봄. 당시의 독립선언서는 한자와 한글이 혼용되어 이해하기 어렵고 읽기도 어려우므로 한글로 개정한 독립선언서를 함께 읽어봄으로써 독립선언서에 담긴 의미를 되새기고, 향후 100년의 세계평화와 화합을 위해 애쓰는 대한민국의 성숙한 시민이 되어보고자 함.		

(샘플 2)

영상콘티제작 "독립선언서 낭독"

- 영상스토리 보드 PD: 이종선, 구성: 이종선, 편집: 이종선, 촬영: 이종선, 미술: 이종선, 조명: 이종선
- 준비물: 카메라(스마트폰), 짐벌, 삼각대, 독립선언서 한글판, 노트북, 프로젝터, 마이크, 조명, 학습실

S	장면	콘티메뉴	내용	시간
1		스토리	1. 어르신들의 독립선언서 낭독을 한글로 쉽게 풀어써서 다함께 낭독하는 장면을 촬영	
		준비물	카메라(스마트폰), 짐벌(삼각대), 독립선언서한글판, 노트북, 프로젝터, 마이크, 학습실, 조명	
		영상	전체 학습영상과 편안하게 앉아 있는 모습	0′10″
		사운드	시작 시에만 5초 정도, 음악제목	
2		액션	1. 전면에 프로젝트를 이용하여 한글을 미리 띄워 놓고 미리 읽어본 후 촬영준비에 들어감 2. '액션'과 함께 선언서를 읽어 내려감	
		카메라	카메라1: 풀샷 카메라2: 그룹샷과 투샷, 쓰리샷으로 촬영	1′00″
		사운드	낭독소리만 들어감	
		내레이션	없음	

3		액션	1. 모두 함께 독립선언서를 읽고 있는 모습 촬영 2. 전개 중이므로 모두의 표정도 본다	
		카메라	카메라1: 풀샷 카메라2: 그룹샷과 투샷, 쓰리샷으로 촬영	2′00″
		사운드	낭독소리 들어감	
		내레이션	없음	
4		액션	1. 모두 함께 독립선언서를 읽고 있는 모습 촬영 2. 엔딩은 풀샷으로 처리	
		카메라	카메라1: 풀샷 카메라2: 그룹샷과 투샷, 쓰리샷으로 촬영	2′30″
		사운드	낭독소리, 오디오 엔딩 처리	
		내레이션	없음	

(샘플 3)

스토리보드의 예시

S	노트(액션)	장면	대화(시나리오)	시간
1				
2				
3				
4				

영상 제작단계

영상 제작의 3단계에 대하여 알아보도록 한다.

① Pre-Production(프리 프로덕션)

자료의 수집, 기획과 구성, 대본 작성 및 출연자 섭외, 제작팀을 구성하는 단계이다.

기획은 프로그램의 성격, 목적, 효과, 필요성, 방향, 전략 등을 명확히 하는 것이다.

작품기획 시 고려해야 할 사항으로는 무슨 주제로 이야기를 할 것인가, 어떤 방향으로 전개해 나갈 것인가, 어떤 분위기로 할 것인가, 주 시청대상은 누구로 할 것인가 등을 정해야 한다.

기획서 작성 시에는 프로그램의 제목, 의도, 방송일시, 제작형식, 내용 등을 구성한다. 프로그램의 구성은 기승전결의 구성으로 한다.

프로그램의 유형으로는 뉴스, 스포츠, 드라마, 광고, 다큐, 예능 형태로 구성한다.

② Production(프로덕션)

a. 드라이 리허설: 제작에 필요한 장비나 설비 없이 출연자의 동작선을 설정하고 기타 문제들을 전체적으로 점검하는 것을 포함한 연습이다.

b. 카메라 리허설: 카메라를 포함한 모든 제작진과 제작 요소들을 동원하여 연습한다.

c. 드레스 리허설: 방송 직전 방송과 동일하게 분장하고 모든 장비를 갖
추어 하는 최종 연습이다.

③ Post-Production(포스트 프로덕션)

촬영한 소스 영상의 프리뷰와 가편집, 내레이션 작성과 음악 등을 서전
하고 최종적으로 더빙과 믹싱, 자막과 효과 등을 넣음으로써 최종적으로
편집하고 완성하는 단계이다.

방송하기

① 방송계획 수립하기

영상을 제작하려면 사전에 방송계획이 수립되어 있어야 한다.

방송은 시청자들이 보아야 하는데 방송시간이 일정하지 않으면 고정적인 시청자를 확보하기가 어렵다. 따라서 실시간 방송이라면 사전에 방송일자와 방송시간이 항상 일관성이 있어야 한다. 시청자들은 언제든지 고정된 시간에 필요한 프로그램을 시청할 수가 있다.

따라서 사전에 영상콘텐츠를 제작할 스케줄과 협의하고 스태프들과 일정을 조율해야 한다.

(예시 1: 방송프로그램 일정)

요일 프로그램	월	화	수	목	금	토	일
콘텐츠 제작	스토리 회의	촬영	편집	라이브	촬영	편집	
플랫폼 운영		유튜브 재방송	유튜브 업로드	페이스 북,유튜 브,인스 타그램	유튜브 방송용	유튜브 업로드	
일반업무		사무	홍보	분석	피드백		

일정을 조율한 후에는 제작하고 편집된 영상을 유튜브에 업로드 할 스케줄도 만들어 놓아야 한다. 영상을 언제 공급할지 시간도 중요하다.

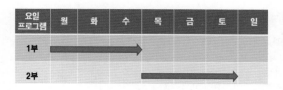

요일 프로그램	월	화	수	목	금	토	일
1부							
2부							

방송시간의 예를 들어보자. 미기TV는 언제 방송을 할지 유튜브 채널의 홈 화면에 명시해 놓았다. 따라서 시청자들은 언제나 고정된 시간에 방송을 볼 수 있으며, 방송시간으로 혼란할 필요도 없다. 대부분 크리에이터들의 생방송 시간은 밤 9시부터 12시 사이가 가장 많다. 낮에는 일하고 저녁식사 후에 휴식을 가지는 라이프 사이클에 맞추어 보면 가장 합리적인 시간이다. 동시간대에 방송을 많이 하는 크리에이터들이 많으니 어찌 보면 경쟁도 치열할 수도 있다. 하지만 자신의 콘셉트대로 방송을 꾸준히 진행하다 보면 구독자들도 늘고 방송을 통해 시청자들과 더 많은 소통을 할 수 있을 것이다.

② 큐시트에 의한 진행

실제 방송을 하게 되면 방송시간과 장소, 방송 프로그램과 출연자들에 대한 사항들이 있다. 이러한 것들을 내용으로 정리해서 방송시간에 맞게 편성하여야 한다.

다음은 큐시트의 예시이다.

방송 상황에 따라 큐시트를 만들어 사용하길 권장한다.

시간	내용	출연자	음향	멘트
pm 09:00	오프닝 인사	정일송	마이크1: 진행자 마이크2: 게스트 마이크3: 반주기	안녕하세요. 미기TV입니다. 오늘은 게스트 가수 정일송 씨와 함께합니다.
09:01	출연자 소개	정일송	상동	정일송 씨의 바람개비를 듣고 노래가 좋아서 출연요청을 드렸습니다~
09:05	출연자와 대화	정일송	상동	가수 박상철 씨의 노래를 어떻게 받게 되셨나요? 두 분은 어떤 관계이신가요?
09:09	출연자 노래	정일송	상동	대표곡 바람개비 들어보겠습니다.
09:15	출연자와 대화	정일송	상동	노래 정말 잘하십니다. 좋은 노래~
~	~	~	~	~
09:30	엔딩 멘트	정일송	상동	오늘은 가수 정일송 씨와 함께했습니다. 바람개비 노래 많이 사랑해 주세요.

PART 13.
유명 크리에이터 보기

유명 크리에이터들의 채널을 한 번 가 보기로 하자.

이들의 콘텐츠는 꾸준하고 일관적인 생방송 시간과 구독자들과의 소통, 그리고 콘텐츠를 자신들만의 끼와 감성으로 재미있고 흥미롭게 이끌어 가는 능력이라고 할 수 있다.

① 대도서관

우선 채널명은 대도서관TV를 사용한다. 대도서관의 채널은 게임을 좋아하는 사람들에게 가장 인기 있는 채널이다. 대도서관이 유튜브 크리에이터들의 꿈을 위해 쓴 책에서는 자신이 프로게이머가 아니고 게임을 진솔하게 하면서 유교방송(?) 위주의 진행을 하였으며, 10대와 20대의 인생상담사 역할도 하였다고 한다.

여기서 유교방송이란 욕설이나 비방 등의 저속한 언어를 사용하지 않아 생긴 것이라고 한다. 약 200만 명 가까운 구독자들이 대도서관의 팬이라고 볼 수 있다. 대도서관의 콘텐츠는 생방송으로 게임하고 유튜브에 편집하여 게임영상을 업로드 하여 구독자들이 재미있게 영상을 즐기는 것이라고 할 수 있다.

② 허팝

허팝은 지금은 유명 MCN에 소속된 크리에이터이다. 수학과 과학을 좋아했으며, 대학교 이후 동영상콘텐츠에 관심을 가지고 여행이나 일상생활을 영상으로 제작을 하였다고 한다.

과학을 좋아했던 허팝은 일상을 관찰하면서 호기심 있게 만든 영상들이 일반인들에게 인기를 끌게 되면서 인기를 더해 가고 있다.

③ 샌드박스

샌드박스 네트워크는 도티, 잠뜰장삐쭈, 마루와 같은 크리에이터들이 함께하는 MCN이라고 할 수 있다. 샌드박스는 도티를 중심으로 크리에이터가 되고자 하는 1인 창작자들을 지원하고, 함께 협업을 하는 곳으로 크리에이터들의 소통공간이라고 할 수 있다.

④ 방탄소년단

방탄소년단은 우선 글로벌적인 음악으로 접근했으며, SNS로 홍보를 하기 시작한 것이 지금의 성공을 이루는 데 많은 도움이 되었다. 중소기획사에 소속된 그룹이 국내에서 성공하기는 어렵다.

하지만 방탄소년단은 직접 소셜미디어에 올린 콘텐츠들을 팬들이 확대, 재생산함으로써 구독자들이 늘어났다는 것이다. 트위터와 유튜브를 활용하여 성공한 사례이다. 구독자는 1,609만 명이고 동영상도 940개가 올라가 있다.

대표곡인 IDOL 뮤직비디오의 조회수는 3.9억 회이다. (2019년 3월 기준)

⑤ 핑크퐁

상어가족으로 유명한 핑크퐁은 아이들과 육아맘에게 아주 인기 있는 채널이다.

육아를 경험하신 분들은 아실 것이다. "아이 볼래? 일을 할래?"라고 사람들에게 물어 보면 아이 보는 일을 하겠다고 답변한다고 한다. 육아가 그만큼 힘들고 어렵다는 반증이다.

핑크퐁은 아이들의 울음도 그치게 해 주고, 얼굴에 웃음 짓게 하는 영상들이 많이 있으니 육아맘들의 아이 보는 고충을 덜어주는 채널인 셈이다.

⑥ 음악을 콘텐츠로 하는 개인 방송국: 미기TV

미기TV는 트로트 음악을 좋아하는 가수가 운영하는 채널이다. 구독자 12만 명이지만 무명가수가 이 정도의 구독자를 모으는 것도 쉽지는 않다. 유튜브를 통한 인기로 일반 방송국에 초대를 받아 가수활동도 할 수 있었다.

⑦ 박막례 할머니

용인에서 쌈밥집을 운영하시는 할머니의 채널이다. 치과 갈 때 메이크업을 영상으로 올린 것이 유튜브에서 대박이 나면서 유튜브 스타가 되셨다. 그냥 일상생활의 평범함을 콘텐츠로 업로드 하였는데, 손녀딸의 도움으로 유튜브를 시작하게 되었다고 한다.

요즘은 업체에서 상품을 제공받아 리뷰 광고도 재미있게 만든 영상도 업로드 한다.

⑧ 교육 콘텐츠: 카페인TV

카페인TV는 저자가 운영하는 채널이다. 주로 온라인마케팅과 SNS마케팅 등 강의와 관련된 내용으로 꾸며져 있다. 또한 상품을 사용해 보고 리뷰를 올리거나 취미와 관련된 영상도 함께 올려놓았다. 채널에서 콘텐츠를 집중해서 올리는 것이 좋지만 교육 콘텐츠는 영상 개수에 한계가 있으므로, 취미 활동과 일상생활 및 여행 등의 콘텐츠도 함께 업로드 하고 있다.

(출처: 미기TV)   (출처: 카페인TV)

PART 14

콘텐츠 발굴과 마케팅 사례

2017년 모바일월드 콩그레스 기조연설에서 아르노 드 퓌퐁텐느 프랑스 미디어그룹 비방디(Vivendi) CEO는 "미디어와 통신이 결합해 콘텐츠를 제공하는 시대가 됐다"며 "19세기는 황금, 20세기는 오일러시의 시대였다면 21세기는 콘텐츠를 향한 골드러시가 펼쳐질 것"이라고 덧붙였다.

유튜브를 가장 잘 활용하는 분야 중 하나가 음악 콘텐츠라 할 수 있다. 방탄소년단은 미국 빌보드 메인앨범 차트에서 네 달 연속 이름을 올리는 쾌거를 이룩했다. 걸그룹인 블랙핑크도 구독자 2,000만 명을 넘어섰으며, 94% 이상의 조회수가 해외에서 발생했다고 한다. 2018년도에는 빅뱅, 방탄소년단에 이어 '다이아몬드 버튼'이라고 불리는 '다이아몬드 크리에이터 어워즈'라는 상을 받았는데 이는 구독자 1,000만 명을 돌파한 유튜버에게 수여되는 상이라고 한다.

국내에서 1,000천만 명을 넘는 구독자를 운영하는 채널은 토이푸딩, SM타운, 빅뱅 등이 있다. 다이아몬드 크리에이터 어워즈는 구독자수 기준으로 10만 명 이상 실버, 100만 명 이상이면 골드, 1천만 명 이상이면 다이아몬드 어워즈를 받을 수 있다. https://www.youtube.com/intl/ko/creators/awards/에서 신청할 수 있다.

유튜브 가이드라인에만 맞는다면 누구나 받을 수 있다.

유튜브에서 상위노출을 하기 위한 마케팅은 쉽지 않다. 즉, 유튜브 크리에이터의 수도 많고, 채널도 많기 때문에 나의 채널이 언제나 상위로 올라간다면 금상첨화일 것이다. 왜냐하면 그동안의 노고와 수고로움에 대한 보상일 수 있기 때문이다.

여기 나오는 것이 유튜브의 모든 것은 아니지만 콘텐츠의 발굴과 소재들을 참고로 볼 수 있는 몇 가지 사례를 보기로 한다. VLOG 영상들도 많이 있으니 제작 시 참고하기 바란다.

이러한 사례들은 콘텐츠가 어떤 시기에 어떤 내용을 가지고 영상을 만들었는지가 중요하며 일시적인 인기를 끌 수 있는 것인지, 꾸준히 인기를 가지고 갈 수 있는 콘텐츠인지가 중요하므로 사례를 보면서 판단해 보기 바란다.

① 시사성 있는 콘텐츠: 보헤미안 랩소디

2018년 11월경에 보헤미안 랩소디라는 영화가 관심을 받으면서 여러 연예인들이 패러디를 했는데 그중에 개그맨 유세윤 씨의 패러디가 유튜브에서 엄청난 반응을 보였다. 시기에 적합한 콘텐츠를 선택한 것이 유튜브에서 인기를 얻게 된 비결이다.

　이러한 콘텐츠는 일시적이지만 채널을 빠르게 알리는 데 도움이 될 수 있다. 이 콘텐츠의 조회수는 261,000회 이상이다.

② 상품과 이벤트를 결합한 콘텐츠: 마약베개

　잠을 자도 개운치 않거나 꿀잠 자고 싶은 분들, 목과 어깨가 뭉쳐 뻐근한 분들을 위한 베개로, 피부에도 좋고 빨래하기도 좋은 베개로 광고하는 마약베개가 있다. 이 베개는 얼마나 꿀잠을 잘 수 있는지 베개와 베개 사이에 날계란을 올리고 일반 시민들을 상대로 직접 여러 가지의 방법으로 날계란을 깨게 하는 이벤트를 하였는데 이것을 영상으로 제작하여 올렸다. 이렇게 상품을 일반 시민과 함께 체험해 보는 이벤트도 좋은 마케팅 사례이다. 조회수는 28,000회 이상이다.

③ 옛추억을 되살려 주는 콘텐츠: 한국민속촌

　한국민속촌의 영상은 기본적으로 민속촌을 방문한 고객들과 함께 어울리는 콘셉트이다. 민속촌은 TV사극에 나오는 배경으로만 인식하고 있었는데 SNS를 가장 잘 활용하는 곳이다. 영상은 재미있고, 민속촌을 방문한 고객들과 함께하는 재미와 흥미가 있다. 옛날의 추억과 함께할 수 있는 이벤트와 방문한 고객들이 함께 즐기는 콘텐츠들로 구성되어 있다. 아래 영상의 조회수는 129만 회 이상이다.

④ 학습강좌

지금은 평생학습시대라고 할 만큼 자신이 하고 싶은 분야에서 이러닝 학습을 할 수 있다. 영어 배우기를 클릭하면 단어에서 영어회화, 영어공부법 등 다양한 영상을 볼 수 있다. 정보처리기사나 건축기사와 같은 자격증처럼 학원을 다니며 배우는 과목들도 이제는 유튜브를 통해 학습을 할 수 있다.

온라인마케팅이나 SNS마케팅을 배우고 싶다면 카페인TV를 검색하면 된다.

⑤ 취미 및 스포츠와 관련된 영상

BadmintonWorld.tv의 경우 최근에 개최된 국제 대회를 중심으로 운영하고 있다. 주로 배드민턴 운동 마니아들이 구독자일 것으로 보인다. 탁구, 배구, 축구, 야구 등을 취미로 하시는 분들은 개별종목을 검색해서 볼 수 있다.

영화보기, 음악이나 난 키우기를 좋아한다면 악기 다루기나 난 잘 키우는 법을 검색해서 관련된 영상을 볼 수 있다.

⑥ Know-how 알려 주기

뷰티와 관련하여 '화장법 배우기'라고 검색을 해 보자. 그러면 왕초보 메이크업부터 화사하고 어려 보이는 메이크업 방법까지 다양한 영상들을 볼 수 있다.

'짐벌 사용법'을 검색하면 짐벌과 관련된 다양한 제품들과 사용방법을

알려 준다. 파스타를 좋아하면 '파스타 만들기'로 검색해서 직접 파스타를
만들어 볼 수도 있다.

⑦ 여행과 관련된 콘텐츠

유튜브에서 인기 있는 콘텐츠로 유럽이나 미국, 일본, 중국, 동남아 여
행 검색 시 주의해야 할 사항이나 준비할 것 등에 대해 알려 주고 있다. 또
한 여행 전에 사전 정보를 알 수 있고, 어느 장소가 좋은지도 미리 알 수
있다.

그리고 여행크리에이터들은 직접 생방송으로 여행지를 방문하며, 지역
민들과 함께 대화를 하고 함께 다니는 모습들을 생방송을 하고 추후에 업
로드 하여 다시 볼 수 있도록 함으로써 여행지의 즐거움을 줄 수 있다.

⑧ 공공기관 및 언론사

충청북도에서 운영하는 채널이 있으며, 도정 홍보 등을 지속적으로 업
로드 한다. 3.1운동 및 임정수립 100주년 추진위원회도 3.1운동과 관련한
이벤트를 올리고 있으며, '독립선언서 낭독'과 '만세하라' 등 다양한 영상
을 올리고 있다.

이외에도 다양한 동영상이 많이 있으니 자신의 관심분야를 찾아 구독
을 해 보자.

⑨ 블랙핑크

2016년 '붐바야'로 데뷔한 블랙핑크는 유튜브 K팝 뮤직비디오 1위에 올

랐다. 블랙핑크의 '뚜두뚜두' 뮤직비디오는 162일 만에 5억 뷰를 돌파했으며, 유튜브 리와인드 2018에도 이름을 올렸다. 이는 K팝 걸그룹 최초이다. 유튜브의 상위구독자는 이처럼 음악과 관련 있는 아티스트들이 많이 있다.

⑩ 토이푸딩

토이푸딩은 키즈 크리에이터 토이 채널이다. 유아콘텐츠 부문 구독자 수가 2,289만 명이 넘으니 가히 독보적인 채널이라 할 수 있다. 이 채널은 장난감을 가지고 노는 영상이며 음악과 상황극 형태로 영상이 진행된다. 어른이 보면 재미없겠지만, 유아들의 눈높이에서는 재미있는 채널인 듯 싶다. 영상 중 가장 많은 조회수는 6억 뷰가 넘는다. 음악콘텐츠가 아님에도 글로벌 구독자수가 많은 것으로 추정된다.

⑪ 펫(반려견, 반려묘)

요즘은 집에서 강아지나 고양이를 기르는 사람들이 많다. 그런데 반려견의 특성을 모르면서 키우는 경우가 많은데 사실 강아지나 고양이에 대하여 어떤 교육도 받아 보지 않고 그냥 키우다 보니 여러 가지 문제들이 생긴다. 예를 들어 강아지를 분양 받아왔을 때 배변으로 인한 스트레스에 시달린다. 따라서 업무에 바쁜 현대인들은 교육을 받을 시간이 없으니 유튜브의 교육 영상을 통해 배변훈련을 학습할 수 있다. 보듬TV나 펫을 부탁해와 같은 채널이 있다.

⑫ 일반인 영상

'안티 모스키토'라는 영상을 검색해 보면 일반인이 출연하여 모기에 물리는지에 대한 실험을 한다. 직접 실험실에서 모기에 물려 보고, 다시 약을 바르고 모기가 무는지에 대해 실험을 해 보는 영상이다. 이 영상은 제품을 일반인에게 사용해 보고 실험해 보는 영상으로 B급 영상이라고 할 수 있다.

동영상을 이야기하는 비디오와 상업을 뜻하는 커머스를 합쳐 '비디오커머스'라고 한다. 동영상 콘텐츠를 통해서 소비자에게 상품을 홍보하는 전자상거래 유형이다. 패션, 뷰티, 육아, 음식, 취미, 여행, 서비스 상품까지 다양하게 활용되고 있다.

가끔 실험카메라나 몰래카메라를 통해 상품을 간접 홍보하는 영상들도 많이 있다. 제품리뷰를 통해 특정 제품을 홍보하는 크리에이터들도 있다. 비디오커머스의 영향력이 점점 증가하고 있다. 특히 영상을 보기 전에 건너뛰기 광고에 웹사이트와 연결된 주소를 많이 볼 수 있다. 좌측 하단에 구매하기라고 하는 작은 탭을 볼 수 있는데 바로 광고를 보고 나서 끝나는 것이 아니고 이 광고를 본 후에 해당 주소로 가면 제품을 구매할 수 있다는 안내인 것이다. 이처럼 광고와 더불어 제품도 바로 구매할 수 있는 주소를 연결해 놓는 것이다.

우측 상단에는 카드를 티저로 넣음으로써 상품의 신뢰도를 높이고 있다.

지금까지 영상과 관련된 마케팅의 몇 가지 사례들을 보았다. 영상에서 가장 중요한 것은 기술보다 콘텐츠에 있다. 좀 더 멋진 영상을 만들기 위해 프리미어나 파워디렉터와 같은 편집용 프로그램을 사용하지만 구독자들은 재미있고 흥미 있으며, 스스로에게 유익한 영상을 검색하여 시청한다. 따라서 영상은 콘텐츠가 가장 중요하다고 할 수 있다.

모든 유튜브 콘텐츠의 공통점은 '재미'라고 하는 것이다. 아무리 좋은 정보라 하더라도 재미가 없으면 오래 시청하지 않는다. 이어서 '공감'이라고 할 수 있다. 공감이라는 것은 타인의 글이나 사진, 영상을 보고 충분히 그 콘텐츠에 대해 '나도 그렇게 생각해'라고 하는 동의의 표시라고 볼 수 있다. 콘텐츠가 가진 상황이 나와 유사하거나 비슷한 상황을 경험했을 때 쉽게 공감할 수 있다. '고추는 맵다'라고 누군가 얘기하면 거의 대부분 동의할 것이다. 이것이 공감인 것이다. '고추는 짜다'라고 하면 아무도 공감하지 않을 것이다. 재미있는 영상은 추천도 하고 친구들끼리 서로 돌려보고 하는 행위를 시키지 않아도 한다. 누군가 내 영상을 퍼날러 준다면 또는 다른 친구에게 추천해 준다면 마케팅은 성공한 것이라고 할 수 있다. 그만큼 재미있고 흥미로운 영상을 만들어야 한다는 것이다.

일부러 만든 영상은 아니지만 전국 노래자랑이라는 프로그램의 '미쳤어 할담비' 할아버지가 화제를 모았다. 70대의 나이에 맞지 않는 손담비의 곡을 선곡하였는데 노래보다는 할아버지의 춤이 너무 재미있었기 때문에 주목을 받을 수 있었다.

유튜브는 초기에 10대나 20대 사용자들이 게임과 관련된 영상 콘텐츠 위주의 소비를 했지만 이제는 전 연령층에서 다양한 영상물을 소비하고 있다. 이처럼 음악, 엔터테인먼트, 토이, 교육, 개그, B급 영상들까지 아주 다양한 분야에서 사용자가 이전보다 폭발적으로 증가하였다.

유튜브 영상의 시작 5초가 가장 중요하다고들 흔히 말한다. 왜냐하면 5초 안에 그 영상의 모든 것을 알 수 있기 때문이다. 1인 미디어 운영자가 유념해야 할 것들이 많지만 영상이 시작되고 5초 이내에 시청자를 끌어들여서 머물게 하는 일이 중요하다. 유튜브의 생태계나 트렌드에 대한 이해도 1인 크리에이터가 꾸준히 관심을 가져야 하는 부분이다.

PART 15

유튜브 채널노출/상위노출 전략

텍스트와 이미지가 중심이었던 마케팅에서 이제는 유튜브 채널 마케팅이 대세이다. 즉, 영상을 통한 광고와 홍보활동이 중심이 될 것이라는 의미이다. 유튜브 채널은 동영상 콘텐츠를 안정적으로 보관하는 중요한 저장소이다.

유튜브 사용자들은 자신의 관심사에 맞게 영상을 검색하고 시청을 한다. 유튜브는 영상제작자들에게는 수익을 주고 기업에게는 마케팅 채널로, 일반 시청자들에게는 좋은 콘텐츠를 제공해 주는 생태계이다.

유튜브에서도 영상을 제작하여 매출을 올리고 고객에게 빠르게 다가갈 방법을 알아보자. 퍼스널브랜딩, 뷰티, 패션, 미용, 외식, 다이어트, 피트니스, 게임, 강의, 앱 관련 업종들이 활용할 수 있는 콘텐츠들이 무궁무진하다고 할 수 있다.

① 썸네일 이미지 제작하기

일반적으로 구독자들이 키워드 검색을 하여 영상을 선택하려 하면 아주 많은 영상들을 보여 준다. 이럴 때 뭔가 쉽고 빠르게 내 영상을 알릴 수 있는 방법이 썸네일 이미지를 잘 만들어 눈길을 끄는 것이다. 눈에 잘 띄어야 선택도 쉽게 할 것이다.

이러한 이미지 제작 시는 단순하고, 눈에 잘 띄며, 텍스트를 넣으려면 큰 글자로 넣어 주는 것이 좋다. 깡깡시스터즈의 먹방, 김이브의 필라테스도 좋은 썸네일이다.

이미지를 만드는 방법은 4번 항목의 동영상 업로드 하기에 설명하였다. 썸네일 이미지의 사례들이다.

② 동영상 설명 작성하기

유튜브에서 경쟁이 적은 키워드를 가지고 검색키워드와 함께 클릭을 유도하는 제목을 키워드로 작성한다.

동영상을 업로드 할 때 제목과 설명, 태그와 카테고리 등을 선택하는 항목이 있다.

영상과 부합된 제목을 사용함으로써 유튜브의 검색 확률을 높여야 한다. 영상과 무관한 내용을 기입하지 않도록 하자.

설명에도 영상에 적합한 내용을 입력해 놓고, 태그도 무분별하게 많이 넣는 것보다는 필요한 태그만을 넣어서 검색이 될 수 있도록 해야 한다.

③ 맞춤 URL

맞춤 URL은 'youtube.com/맞춤이름' 및 'youtube.com/c/맞춤이름' 형태이다.

URL은 대소문자를 구분한다.

맞춤 URL은 한 번 만들면 변경할 수는 없지만, 새로 만들 수는 있다.

맞춤 URL은 1개만 보유할 수 있다.

맞춤 URL 설정의 자격요건은 구독수 100명 이상이며, 채널 개설 후 최소 30일이 경과되어야 한다. 채널아이콘 이미지와 채널아트도 업로드가 완료된 상태여야 한다. 크리에이터 스튜디오의 채널에서 상태 및 기능으로 가서 맞춤 URL 사용가능으로 되어 있으면 신청할 수 있다.

맞춤 URL은 https://www.youtube.com/account_advanced에서 설정할 수 있다. 채널이 여러 개인 경우 기본채널을 설정하고 저장을 누른다.

맞춤 URL을 만든다. 선택한 URL 확인을 클릭한다.

저자의 맞춤 주소는 https://www.youtube.com/c/카페인TV이다.

④ 종료화면과 카드

종료화면에 내 채널의 최신영상이나 채널목록의 주소를 넣어 종료 5초 전부터 볼 수 있도록 한다. 카드 기능도 영상이 길면 중간에 삽입하여 채널로 유도할 수 있도록 만들어 놓는다.

⑤ 채널목록 만들기

영상을 업로드 할 때는 카테고리에 맞게 영상을 업로드 하도록 한다. 또한 비슷한 종류의 영상들을 분류하여 하나의 채널로 묶어 놓으면 영상이 검색된 후 채널로 이어서 영상을 보여 줄 확률이 높다.

⑥ 구독하기, 좋아요, 알림설정 요청하기

'구독하기와 좋아요를 눌러주세요'라는 내용을 각 동영상의 앞이나 뒤에 넣어서 시청자로 하여금 구독을 유도한다. 그리고 구독자 알림기능을 사용하는 방법도 알려 준다. 구독자는 새로운 영상이 등록될 때 유튜브에서 알림을 보내어 새 영상이 등록되었음을 알려 준다. 아래 이미지는 구독요청을 하는 사례 화면들이다.

⑦ 유튜브 광고 이용하기

구글 애드워즈의 광고 캠페인을 이용하여 직접 광고를 진행하는 방식이다.

앞서 유튜브 마케팅 파트에서 소개하였다.

⑧ 브랜드 활용하기

브랜드 기능을 활용하여 화면에 항상 구독클릭을 유도할 수 있다. 즉, 동영상에 워터마크를 삽입하여 구독을 유도하는 방법이다. 크리에이터 스튜디오의 브랜딩 메뉴에 있다.

⑨ SNS에 공유하기

자신이 사용하는 SNS를 통해 유튜브의 채널주소를 홍보하고, 관련 영상을 링크하여 홍보한다. 페이스북과 인스타그램, 카카오톡, 밴드 등을 통해 지속적으로 홍보한다.

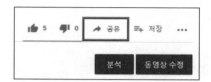

⑩ 동영상 시청시간 늘리기

유튜브에서 가장 중요한 것은 아무래도 시청시간이라고 할 수 있다. 시청시간을 늘리기 위해서는 재미있고 흥미 있는 콘텐츠를 가지고 운영해야 한다. 그만큼 유튜브 영상은 콘텐츠의 싸움이 될 것이다.

PART 16

채널분석

분석메뉴로는 개요, 실시간, 수익보고서, 수익, 광고료, 시청시간 보고서, 시청시간, 노출수 및 CTR, 시청지속시간, 인구통계에서 특수효과, 카드, 최종화면까지 많은 메뉴들이 있다.

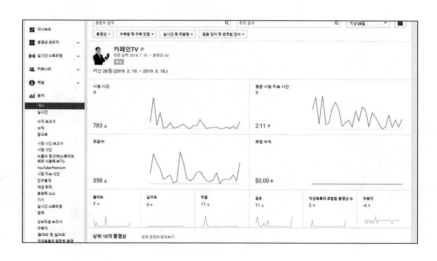

① 개요

채널 만든 날짜, 동영상의 수와 지난 1개월간의 시청시간, 평균시청 지속시간, 조회수, 추정수익, 좋아요, 댓글, 공유 등을 수치와 그래프로 보여 준다. 또한 상단메뉴에는 콘텐츠와 위치 검색창이 있고, 기간을 선택하여 통계치를 볼 수 있도록 해 주고 있다.

아울러 상위 10개 동영상에 대한 시청시간과 조회수, 수익에 대한 내용도 보여 주고 있다. 많이 본 지역과 성별, 재생위치, 트래픽 소스 등을 통계치로 보여 준다.

② 실시간

실시간으로 영상콘텐츠를 시청하는 현황을 볼 수 있다. 동영상과 기기 유형, 운영체제, 지역 등을 알 수 있다.

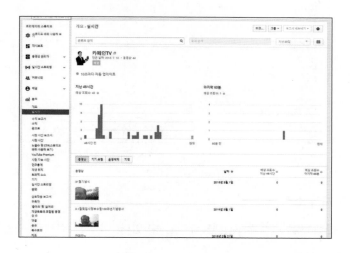

③ 시청시간

전체 시청시간과 조회수를 확인할 수 있다. 측정항목을 선택하여 항목들을 비교해 볼 수 있다. 차트별로 동영상을 조회한 현황도 한눈에 볼 수 있다. 인기 있는 영상을 한눈에 볼 수 있는 메뉴이다.

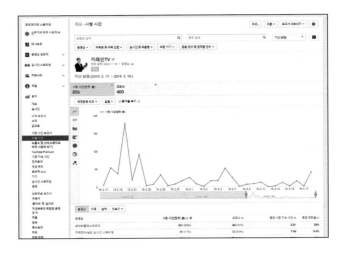

④ 트래픽 소스

영상콘텐츠별 트래픽 소스를 확인할 수 있다. 유튜브 검색과 추천동영
상, 채널페이지 등의 소스를 보고 분석할 수 있다.

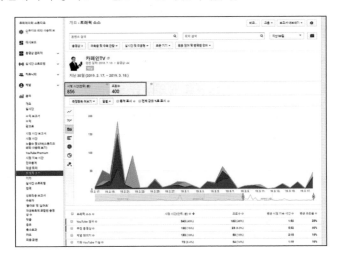

⑤ 구독자

구독자는 유튜브 크리에이터에게 아주 중요한 요소이다. 통계치는 구독자가 증가하고 감소하는 상황을 보여 준다. 구독자가 감소했을 경우에는 그 원인을 면밀하게 분석하여 감소율을 낮추는 노력을 해야 한다.

⑥ 최종화면

최종화면의 클릭수를 통계로 보여 준다. 구독자가 최종화면의 링크주소를 따라서 영상을 보는지, 다른 영상을 찾아 이동했는지를 확인해 볼 수 있다. 따라서 최종화면 요소에 추가된 유도링크가 관심을 끌 수 있는 것인지 체크해 봐야 한다.

PART 17.
네이버TV와 카카오TV

■ 네이버TV

네이버에서는 네이버TV(https://tv.naver.com)를 운영하고 있다. 네이버TV도 유튜브처럼 채널을 개설할 수 있는데 블로그나 카페, 유튜브의 구독자가 100명 이상일 경우 개설이 가능하다. 또한 수익설정도 가능한데 수익발생 조건은 2019년 2월부터 구독자 300명 이상, 누적재생시간 300시간(18,000분)이다.

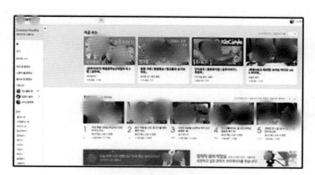

네이버TV 메인화면

네이버 크리에이터 스튜디오

　위의 이미지는 네이버TV 접속 시 메인화면이고, 아래 이미지는 크리에
이터 스튜디오의 채널화면이다. 만약 영상을 제작하고 편집하여 유튜브
에 올릴 크리에이터라면 네이버TV에도 함께 영상을 올려놓도록 하자. 유
튜브 이용자와 네이버의 이용자가 다를 수 있으니 제작된 영상을 업로드
하는 일은 그리 어렵지 않을 것이다. 또한 가입방법은 유튜브에 가입할
수 있을 정도면 네이버TV 회원가입 및 채널 세팅은 어렵지 않게 할 수 있
을 것이다.

　네이버에서 실시간 라이브방송을 하기 위해서는 구독자 1,000명이 넘
어야 가능하다.

다음카카오에서는 웹사이트(https://tv.kakao.com)를 통해 동영상을 시청하고 관리할 수 있다. 카카오TV는 비디오스테이션이 크리에이터 스튜디오의 역할을 한다. 이곳에서 채널을 관리하고 운영할 수 있으며, 수익정산도 가능하다.

카카오TV 메인화면

카카오TV 비디오스테이션

또한, 실시간 라이브 방송도 가능하다. 방송은 팟플레이어를 이용하는 방법과 유튜브처럼 인코더를 이용하여 OBS 또는 Xsplit를 이용할 수가 있다. 구독자수에 관계없이 지금은 실시간 라이브방송이 가능하다.

　네이버TV와 카카오TV는 구독자께서 직접 세팅을 하여 운영해 보길 권장해 드린다. 이 책은 유튜브 크리에이터를 위한 목적으로 쓰여져 부분적인 내용만 기술한다.

PART 18

저작권

저작권은 창작자의 권리를 보호한다는 취지에서 만들어진 법이다.

국내 저작권법의 제1장 총칙 제1조의 내용이다.

제1조(목적) 이 법은 저작자의 권리와 이에 인접하는 권리를 보호하고 저작물의 공정한 이용을 도모함으로써 문화 및 관련 산업의 향상 발전에 이바지함을 목적으로 한다.

〈개정 2009. 4. 22. 〉

제2조(정의) 이 법에서 사용하는 용어의 뜻은 다음과 같다.

〈개정 2009. 4. 22., 2011. 6. 30., 2011. 12. 2., 2016. 3. 22. 〉

1. "저작물"은 인간의 사상 또는 감정을 표현한 창작물을 말한다.

2. "저작자"는 저작물을 창작한 자를 말한다.

3. "공연"은 저작물 또는 실연·음반·방송을 상연·연주·가창·구연·낭독·상영·재생 그 밖의 방법으로 공중에게 공개하는 것을 말하며, 동일인의 점유에 속하는 연결된 장소 안에서 이루어지는 송신(전송을 제외한다)을 포함한다.

이하 항목은 생략하고 자세한 사항은 한국저작권위원회(www. copyright. or. kr) 웹사이트를 참고하기 바란다. 저작권에 관련된 사항은 해당업무에 맞는 부분을 찾아 잘 숙지하길 바란다. 해외법령도 있으니 참고하기 바란다.

유튜브의 저작권에 대하여 알아보도록 하자.

① 편집 프로그램

편집 프로그램은 무료로 사용할 수 있는 프로그램들이 있다. 무료의 경우 일부 사용제한이 있다. 편집 프로그램으로는 주로 어도비사의 프리미어 프로를 많이 사용하는데 개인들도 월 3만 원 정도의 비용만 지불하면 임대하여 사용이 가능하니 구입해서 사용하도록 하자. 프리미어 이외에도 파워디렉터, 베가스 등도 있으니 자신에게 잘 맞는 프로그램을 사용하도록 하자.

무료 프로그램으로는 곰믹스도 있으니 처음 시작하는 유튜버에게는 부담이 없다.

② 폰트

영상을 편집할 때 자막을 넣는 경우 프로그램 자체의 폰트를 사용하면 아무 문제가 없다. 그러나 인터넷에서 검색할 때 무료로 제공하는 폰트라고 하는 경우 다운로드 받아 사용하는 경우가 있는데 개인적으로 사용하면 무료일 수 있으나 유튜브에 업로드 한다는 것은 출판 즉, 퍼블리싱으로 보아 개인용도로 인정되지 않는다. 따라서 무료로 받아 사용하는 것보다는 유료로 구입하거나 자체폰트만을 사용함으로써 저작권 위반을 하지 않도록 한다. 무료로 제공하는 사이트는 눈누(https://noonnu.cc/)가 있다.

③ 오디오

영상에 필수적으로 따라가는 것이 오디오이다. 간혹 국내 음원제공업체에서 구입한 가요나 팝송이 있을 경우 음원을 구매한 경우가 있다. 이것은 개인적으로 음악을 듣거나 사용할 때만 저작물 사용권을 허락한 것이며, 이 음원을 이용하여 제작한 별도의 저작물에서는 사용할 수 없다는 의미이다. 따라서 외부에 공표를 할 수 없는 것이다. 사용시간이 적다고 해서 저작권침해가 안 되는 것은 아니니 특히 주의하기 바란다. 유튜브에서 가장 많이 저작권을 위반할 수 있는 것이 아마 오디오일 것이다. 영상을 제작하다 보면 적당한 음악을 넣기가 쉽지 않다.

오디오 추가는 직접 만들 수가 없으니 유튜브에서 제공하는 무료 오디오를 이용하는 것이 좋은 방법이다. 유튜브에서 다음과 같이 검색하면 유튜브 RFM 채널, 유튜브 무료 음원 라이브러리 채널이 나온다. 이곳에서 무료로 음원을 제공하니 필요 시 이용해 보는 것도 좋은 방법이다. 무료라 하더라도 저작권 표시가 있다면 라이센스와 관련된 내용을 반드시 읽어 보고 사용하길 바란다.

국내 가요를 사용하고 싶은 경우 비용을 지불하여 유료로 사용하고 싶다면 한국음악저작권협회(https://www.komca.or.kr/CTLJSP)에 문의하여 사용하도록 한다.

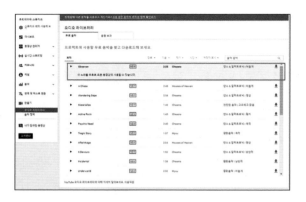

④ 타인의 영상물

영상물의 경우 타인이 올린 영상이나 사진을 사용해서는 안 된다. 대부분의 영상이나 사진들은 자신이 직접 촬영한 영상이나 사진을 가지고 영상제작을 하지만, 소유하고 있지 않은 사진의 경우 인터넷에 있는 이미지를 무단으로 사용하면 추후에 저작권 위반이 될 수 있다. 무료로 이미지 사용이 가능한 픽사베이나 플랫아이콘 사이트를 이용하면 무료 상업적 이용도 가능하다.

⑤ CCL(Creative Commons License)

저작권자의 조건을 지키면 모든 이의 자유 이용을 허락하는 내용의 라이선스로 원작자를 반드시 표시하고, 영리목적의 이용이 금지된다.

CC라이선스는 저작자가 자신의 권리를 지키면서도 저작물을 자유롭게 공유할 수 있도록 나오게 된 수단이다. CC라이선스를 구성하는 이용허락 조건은 4개가 있으며, 이 이용허락조건들을 조합한 6종류의 CC라이선스

가 존재한다. (출처: 크리에이티브커먼즈 http://ccl.cckorea.org/about/)

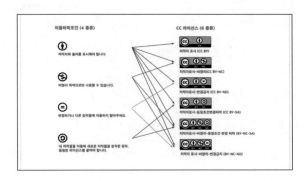

CC 라이선스에서 선택할 수 있는 이용허락조건 4가지에 대한 설명이다.

　저작권에서 간단히 정리하면 출처를 밝히거나 비영리사업이라고 명시
해도 저작권침해가 된다. 구매한 음악, CD, DVD 등 영상저작물은 개인
용도로만 사용이 가능하고, 공표하거나 출판이 되면 이 또한 저작권침해
이다. 저작권침해를 하지 않았다고 명시를 해도 보호받을 수는 없다. 따
라서 저작권에 대해 충분히 숙지하고 사용하자.

유튜브에서는 저작권에 대한 관리를 철저히 하고 있다.

유튜브의 저작권에 대한 설명은 다음 사이트를 참고하기 바란다.
(https://www.youtube.com/yt/about/copyright/#support-and-troubleshooting)

저작권과 관련된 페이지는 크리에이터 스튜디오의 채널메뉴로 이동한다. 상태 및 기능을 보면 저작권 상태와 커뮤니티가이드 상태를 보여 준다. 저작권 경고를 받을 경우 아래 콘텐츠ID 이의제기를 통해 저작권 위반에 대해 소명할 수 있다.

콘텐츠ID란 콘텐츠 소유자가 유튜브에서 저작물의 복사본을 찾을 수 있도록 고안된 유튜브의 소프트웨어이다. 콘텐츠 소유자들은 ID로 소유권을 주장할 수 있다.

모든 영상은 유튜브의 핑거프린트 기술에 의해 지문파일과 일치하는 동영상이 있는지 스캔한다. 콘텐츠ID 사용 자격을 얻으려면 권리를 행사할 지역에서 제출하는 콘텐츠에 대해 독점적인 온라인 스트리밍 권리를 소유하거나 관리해야 한다.

저작권 위반 경고 시 소유자의 동영상은 게시가 중단된다. 저작권 위반 경고 시 수익 창출자격이 박탈될 수 있다. 실시간 스트림이나 보관처리된 실시간 스트림이 저작권 위반으로 인해 삭제되는 경우 실시간 스트리밍 사용이 90일 동안 제한된다.

저작권 위반 경고를 3번 받게 되면 계정 및 계정과 연결된 모든 채널이 해지될 수 있다. 계정에 업로드 된 모든 동영상이 삭제되며, 새 채널을 만들 수 없다. 저작권 위반 경고를 받은 동영상을 삭제해도 경고 자체는 사라지지 않는다. 저작권 경고위반을 해결하기 위해서는 저작권 학교 과정을 수료하면 90일 후에 소멸된다.

동영상에 대해 소유권을 주장한 사용자에게 연락하여 저작권 침해신고 철회를 요청할 수 있다. 저작권 침해로 잘못 식별된 경우에는 반론통지를 제출할 수 있다.

저작권 분쟁 시 재판관할 법원은 미국법에 따른다.

저작권과 관련된 기타 문의는 한국저작권위원회에 문의하기 바란다.

홈페이지 www.copyright.or.kr (☎ 1800-5455)

ⓒ 이종선, 2019

초판 1쇄 발행 2019년 5월 10일

지은이   이종선
펴낸이   이기봉
편집   좋은땅 편집팀
펴낸곳   도서출판 좋은땅
주소   경기도 고양시 덕양구 통일로 140 B동 442호(동산동, 삼송테크노밸리)
전화   02)374-8616~7
팩스   02)374-8614
이메일   so20s@naver.com
홈페이지 www.g-world.co.kr

ISBN   979-11-6435-298-2 (13000)

이 도서의 국립중앙도서관 출판예정도서목록(CIP)은 서지정보유통지원시스템 홈페이지(http://seoji.nl.go.kr)와 국가자료공동목록시스템(http://www.nl.go.kr/kolisnet)에서 이용하실 수 있습니다. (CIP제어번호 : CIP2019016934)